授業で育てる対話力

グローバル時代の「対話型授業」の創造

多田 孝志 著

教育出版

はじめに

長い教師生活を回想するとき、心に浮かぶのは、教え子たちと心が通じ合ったと思える瞬間です。うれしかったのは、子どもたちが仲間と楽しそうに語り合っている姿を見ることでした。

他者と対話し、共に知的世界を旅することは、人生の至福の時です。このことを伝え、また広めたく、全国各地の実践研究仲間と対話学習の研究を継続してきました。

対話の概念や機能の考察、対話の類型化、人間形成と対話とのかかわり、対話力を育成する具体的な手法、対話スキルの開発、対話を授業に持ち込む方法、学校全体を対話的な環境にする方法等々、十年余にわたる研究の成果をまとめたのが、『対話力を育てる』『共に創る対話力』（ともに教育出版）の二冊の本でした。

その後も実践研究を継続し続けるなかで、子どもたちは、授業の中で対話し、対話の楽しさを実感したときにこそ、対話力を高めていくことに気づきました。学校教育の中核は「授業」なのです。そこで、本書では、これまでの対話学習研究の集大成として、「対話型授業」に焦点化し、その基本的な考え方や具体的な展開方法について記述していきます。

＊

本書の特色は、次の二点に収斂されます。第一は、二一世紀のグローバル時代、多文化共生社会に対応した、対話力の育成を希求していくことです。第二は、子どもたちの現状を直視しつつ、二一世紀の人間形成をめざし、対話学習をその重要な手立てと位置づけていることです。

本書における「グローバル時代」とは、多文化共生社会の現実化を直視し、多様性を尊重し、生かし合う時代と位置づけています。また、かかわり・つながりを重視する時代ともイメージしています。時間・空間・問題とのかかわり、自己や他者・社会や自然とのかかわりを基調にものごとを考え、感じ、判断し、行動する——換言すれば「システム思考」の時代と捉えています。

国際理解教育を専門とする筆者は、これまで世界各地に滞在し、現地の人々と交流し、さまざまな国際会議に参加してきました。また、教育実践を重視する立場から、日本の各地で授業を参観し、先生方と語り合い、ときには、小・中・高校で飛び込み授業をしてきました。こうした体験から本書執筆の背景には、次の二点を置いています。

・二一世紀には、多様な文化や価値観をもち、「分かり合い、理解し合う」ことの難しい人と共生・共存する社会が現実化する。また、さまざまな分野で、力の論理の強要、利害の対立が起こる厳しい現実が生起する。こうした現実を直視しつつ、多様な他者との希望ある未来を共創するための「新たな対話力」を育成することが、教育の緊要の課題である。
・日本の子どもたちの多くが、対人関係に苦手意識をもち、対話を忌避する傾向がある。これは、二一世紀の望ましい人間形成と逆行している。しかし、子どもたちは心の奥底では、学びたい、表現して認められたい、成長したいと願っている。また、多様な分野への好奇心も、潜在的にはもっている子が多い。ただ、成功体験が少なく、自信がなく、自己肯定感・自己有用感がもてない。また、他者の眼を過剰に意識し、批判を恐れ、萎縮している性向がある。こうした子どもたちの現状を把握し、子どもたちに寄り添いつつ、他者と共に生きる力を育むことは、二一世紀の教育の使命である。対話力の育成は、そのためもっとも直接的かつ効果的な教育の手立てである。

＊

本書執筆に当たっては、基本的姿勢として、次の点を殊に重視しました。
・対話を効果的に活用した授業実践を数多く紹介することにより、「対話型授業」の基本的な考え方や展開方法、留意点を分かりやすく記述する。
・「事実として子どもたちを成長させることにこそ教育の意義がある」との信念から、青少年の現状を直視しつつ、教育の使命、授業することの意義、教師の役割などを根源的に問い直しつつ論述する。

・理論と実践の統合をめざし、「実践を基盤とした理論の構築」を希求していく。こうした姿勢から、なるべく「共生」「関係性」「多様性」等々の用語をそのまま用いず、実践にしみ込むように翻訳・解釈・解説してから使用する。

＊

本書の内容は、次の点に集約できます。

① 学びに関すること

・「学ぶ」とは、多様な他者とかかわることを通して、人間としての基盤の拡大をしていくことである。

・青少年の現状をみるとき、単なる意欲の喚起ではなく、学びの意味を納得・感得させる、教師による「説明」が必要である。

・教師が、一人ひとりの子どもたちが多様な潜在能力をもっていることを心の底から信じる姿勢をもつことが、子どもたちの心を開き、学びに前向きに参加する心情を育んでいく。

② 対話にかかわること

・教師が「対話」の概念を考察し、対話力を高めるスキルを周知し、段階的に指導していくことにより、子どもたちの対話力は着実に高まっていく。

・対話力は、基礎力（知識の習得、観察・洞察力、広い視野、複眼的思考力、響感力、推察・

イメージ力等）を向上させることにより高まる。それは人間としての基盤の拡大にもつながる。
・二一世紀の人間形成を促進していくためには、「統合」を基調とした学習方法への改革が必要である。そうした学びを展開するために必須なのが、対話力の向上である。

③　対話型授業について

・対話型授業の質的向上は、「ねらい」の分析と「しかけ（学習プロセス、教材の選択・分析、学習環境等）」によって具現化していく。
・皮相的な「浅い対話」ではなく、「知的爆発」「知的化学変化」「知的共創」が起こる「深い対話」を希求し、展開していくことが、子どもたちに対話型授業の醍醐味を感得させる。
・思いを自由に巡らす「浮遊型思索」の時間の保障、「響感・イメージ力」の活用は、充実した対話型授業をもたらす。
・対話型授業で、論議を広げ深める「深い対話」を展開するために重要なのは、教師の臨機応変の対応力としての「コメント力」である。

＊

なお、本書では、読者に意図をできるだけ分かりやすく知っていただくため、筆者の記述に加え、識者の見解、対話にかかわる心に残るエピソード等を随所に挿入し、紹介しています。

教育とは、希望ある未来を創る創造的な営みです。教師はその主体的な推進者です。教師がグローバル時代の対話について認識を深め、それを活用した対話型授業を実践していくことが、途絶と喪失に挑戦し、共生・共創による市民社会を構築し、地球社会に希望ある未来をもたらすと信じます。二一世紀の担い手を育成することへの使命感を高め、実践していく、それは、教師としての自信と誇りの復権にもつながると信じます

本書が、対話指導に関心をもつ方々が対話型授業を進めるための参考となり、二一世紀の教育創造への手がかりをもたらすことができたなら、大きな喜びです。

東日本大震災の報道で、被災地の人々の相互扶助の精神を知り、心揺さぶられた日々に

多田孝志

目　次

6章　対話を活用した多様な活動 229

おわりに

1章 二一世紀の学びを創る

日々授業をしていて、学生たちの様子を見ていると心底、心配になります。深い考察、鋭敏な感受性、ものごとの本質を洞察する力が育ってきていない学生が多いのです。皮相的で、その場で楽しいこと、軽佻でお気軽をもってよしとする性向が増幅しているように感じます。

非常な危機を痛感するのは、深く考えること、他者と響き合うこと、多角的にものごとを見ること、さまざまな事象を統合して新たな知見を生み出すこと、そうした深遠な知的喜びを育む学びを、むしろ面倒がり、忌避する傾向が増幅してきていることです。

この傾向は、幼少期にも蔓延していっています。このことに、教育実践者として危機意識をもちます。しかし、青少年たちは内面では、成長したい、認められたいとの強い思いをもっているし、よき潜在能力も有しているのです。

悲しむべき現状をつくり出している大きな要因は教育、殊に教育実践にあることを自戒しつつ、教育実践者は、いまこそ、事態の打開に果敢に挑戦していかなければならないと考えます。

青少年の実態を直視しつつ、グローバル時代に対応した対話力を高めていくためには、学校教育そのものを問い直す必要があるのではないでしょうか。本章では、学校教育、そしてその基本である授業について、検討していきます。

その前提として、本書の主テーマであるグローバル時代の対話力について、まず解説しておきます。

1 グローバル時代の対話力とは

はじめに、対話についてその機能や類型を明らかにし、さらには「グローバル時代の対話力とは何か」について検討しておきましょう。このことにより、対話型授業をつくるための基本的考え方が明確になってきます。対話について教師が認識を深めておくことが、実際の授業展開の際に、論議を広げ、深め、子どもたちを勇気づける臨機応変な対応力を高めていくことにつながるからです。

■対話の機能とは

対話の機能には、第一に、互いの情報を伝え合う「情報の共有（互恵）」、第二に、参加者が叡智を出し合って新たな解決策や知恵を生み出す「共創」、第三に、話し合うことにより相互理解や相互親和を深める「人と人とのかかわりづくり」があります。

また、対話の特色は、「相互的な関係」と「変化・継続」に収斂できるでしょう。対話では、話し手は聴き手を意識し、聴き手は話し手に共感したり、納得したり、反発したりしつつ受け止めていく、また両者は絶えず入れ替わりつつ「変化・継続」していきます。また、話し手は、聴き手の反応により、話の内容や表現方法を変化させ、聴き手は、話し手から受ける影響により、新たな自分の考えや感情を「再組織」していきます。

■対話の類型

筆者は、対話を、「指示伝達型」「真理探究型」「対応型」「共創型」の四つに分類し、グローバル時代の到来、多文化共生社会の現実化を直視し、「共創型の対話力（inventive dialogue）」を高める必要を提言してきました。

「指示伝達型」の対話とは、学校行事における注意事項や持ち物の指示や伝達のように、上から下へと正確に指示・連絡する対話の型です。「真理探究型」の対話とは、「人生の生きがいとは」「友情とは」といった真理を、他者と共に希求する対話の型です。「対応型」の対話とは、国際交渉や商取引に典型的に見られるように、自利益追求を基調にしつつ妥協点をめざした対話のあり方です。

そして「共創型」の対話とは、文字どおり、参加者が協力して、利害の対立の現実や相互理解の難しさを認識しつつ、叡智を出し合い、新たな価値や解決策を生み出す対話の型です。共創型対話では、率直に意見を出し合いますので、対立が起こり、異見が出され、必ずしも合意形成ができないこともあるでしょう。

しかし、たとえ完全な一致はできなくても、共に話し合ったことにより、人間同士として通底する願いや思いをふくらませ、人と人とのつながり自体を良質なものにしていくことができる――そこに共創型対話の大きな意味があると考えています。大切なのは、対話の過程で相互理解・信頼が深まり、良好な人間関係を形成していこうとする姿勢を共有することです。いわば、言うべきことはきちんと語る欧米型対話と、「和」や「相互扶助」を基調とする日本型の対話、それぞれのよさを融合した方向をめざすものといえます。


自分の意見や反対意見を検討したり、相手に意見を変えさせたり、相反する意見の妥協点を見つけようとするとき、ひとは自己表現の枠を超えて議論の4つの目的のどれかをもつようになる。それは「真理の探究」「納得させること」「説得すること」「交渉すること」である。

（T・W・クルーシアス／C・E・チャンネル著　杉野俊子／中西千春／河野哲也訳『大学で学ぶ議論の方法』慶應義塾大学出版会　二〇〇四年　四頁）

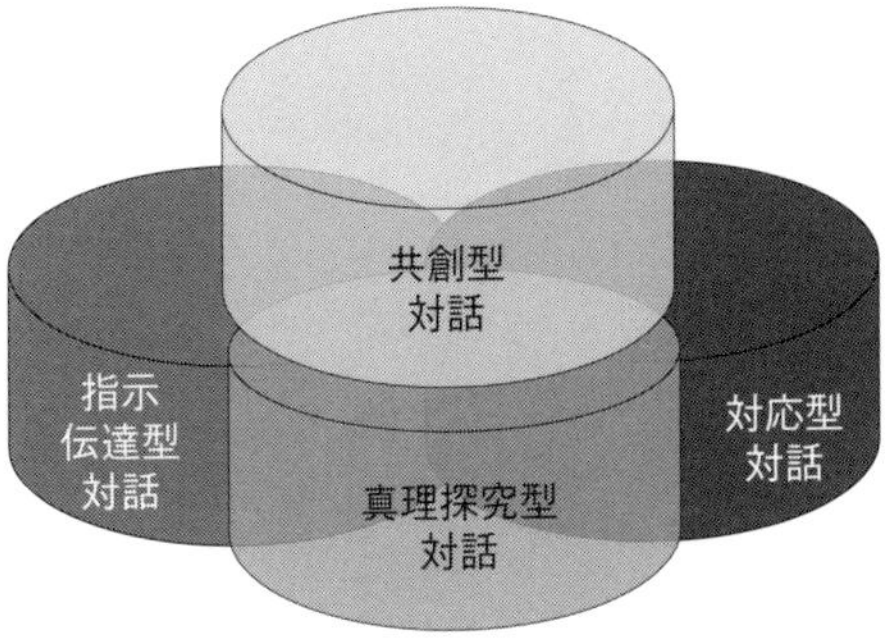

対話の四つの型

みなさんが自分のやりたいことを力ずくで他の人に押しつけることはできなくて、平和的に、多分それはお互いが妥協しあうことになるが、そうすることで自分と他の人の違いをうめていくやり方をさがしださなければならないということになる。

（R・A・ダール著 中村孝文訳『デモクラシー』岩波書店 二〇〇九年 七三頁）

■現実の世界におけるグローバル時代の対話

本書では、「理論（theory）は事実（fact）を説明するために使用する」との基本的な立場に立っています。換言すれば、事実を重視し、そこから理論を編み出す方向を模索しています。この方向によって、グローバル時代の対話について、さまざまな事実を収集してみました。手がかりとなったのは、立教大学大学院異文化間コミュニケーション専攻で筆者の「国際理解教育研究」を受講している院生たちの体験です。院生たちの多くが、世界各地に滞在し、現地の人々と交流してきた体験をもっています。以下は、毎年課題としている期末レポート「途絶と喪失への挑戦――グローバル・スタンダードな対話力とは」からの抜粋です。

◆「香港で移民として生きる」

香港で「移民」として生活してきた。企業派遣による駐在員と違い、単身で現地へ移り住み根を下ろした私にとって、一個の人間としての存在価値をいかに発揮し、現地社会の一員として周囲に貢献するかが常に死活問題であった。終身雇用制度など存在しない競争社会において、仕事で周囲からの評価を得られないことは、職を失い、路頭に迷うことを意味していたからだ。

コミュニケーションは、紛争を回避することを目的とすることが多い。しかし、現実は綺麗事だけで済まないのが日常である。問題を前に利害が衝突することは避けられない、まずはそれを直視すること。その上で、いかに魂を込めて相手と向かい合うのか、がコミュニケーションの極意だと思う。

「けんか」には、二種類あるといえるだろう。勝者が敗者を支配する正統性を得るためのけんかと、お互いの幸せを願うからこその、魂の主張としてのけんか。前者は敗者の心に禍根を残すかもしれないが、後者は相手の心に伝わるものが、きっとあるはずだ。国籍や文化や立場の違いを超えて、本物、つまり、善なるものへと向かう情熱は必ず伝わる。

（芳賀朝子）

◆「スマトラ島の小さな海辺 Bengkulu（ベンクル）で過ごした高校時代のインドネシア留学から学んだもの」

対話の力とは、対話にかかわる者に起こる自己変革、自己変容の力ではないだろうか。それは決して心地よいプロセスではないが、恐れるものではないということを私は学んだ。一時の苦しみはより広い世界、可能性へと続く道であったということの経験は、その後、私を冒険すること、挑戦することへの、前向きでポジティブな姿勢に導いてくれたと思う。

一七歳という若さだからこそ可能だという意見もあるかもしれないが、私はそうは思わない。若いほど柔軟ではあるが、願わくば何歳になってもこうした自己変容を遂げられる人間でありたいと私は願っている。対話によってもたらされるものは、妥協というようなものではなく、より新しい可能性、より良いものにつながるのだということを経験することにあると思う。それは、対話に対する「途絶」へ「挑戦」したいと思える原動力になる。

（折戸えとな）

◆「ラオスでの体験から気づいたこと」

シャンティ国際ボランティア会という日本のNGOの短期研修プログラムで、ラオスの首都ヴィエンチャンに滞在した。ラオスに到着した初日か、まだ日が浅い頃に、町の食堂にご飯を食べに行ったときのことである。『旅の指差し会話帳』という、ある単語に対してその国の言葉と日本語とイラストが書かれた本がある。その本を店員のおばあさんに見せた。ところがこの店のおばあさんは、文字が読めなかった。このことに気づき、悪かったという気持ちと恥ずかしいという気持ちとが入り交じって、申し訳ない思いをした。
ラオスでの私の体験が物語ってくれたのは、想像する力の必要性である。これは非常に抽象的な言葉であるのかもしれないが、いわゆる先進国といわゆる途上国の間に否応なく存在している「途絶」を乗り越えて相互理解を図るためには、「想像する」力が大切であると考える。相手の持つ文化的背景しかり、社会的な立場しかり、である。この「想像する」ということは、先に述べた学部学生時代に立ち上げた有志団体が大切にしている理念でもある。もちろん、文化的背景への知識や社会的な状況をまず知るということが大切であるが。

（山口織枝）

◆「青年海外協力隊員としてアフリカの世界最貧国ブルキナファソに赴任して得たもの」

〈帰国直後のレポートの一部〉

・「可哀想なアフリカ」「貧しくて危険なアフリカ」という感覚は訪れて一転、世界観が変わった。人々は、心から幸せそうであった。人々が一番大切にしているものは、日々の生活であり、人とのつながりであった。足りないものを嘆いたりしない。不要なものを欲しがることもしない。急ぐことも急かされることもない。鶏の鳴き声と共に起き、日差しの強い昼間は休息をとる。夜は日が沈むと共に眠りに落ちる。人々の心は豊かそのものであった。

〈一年半を経て着信した多田宛のメールからの抜粋〉

・「対話力」＝人間性全体である。

人間性＝人間としての「広さ」と「深さ」、「知識」と「経験」の豊富さと深遠さ。「論理性」と「感性」の総量が多く、互いにバランスがとれていること。

・「人間性」の基準が日本のそれだけではなく、他の国においても成立している状態で、高い人間性を持っていること。コミュニケーション時の使用言語運用能力（外国語運用能力）も重要であるが、それ以上に、当人の見ている世界の広さと深さによるほうが大きいと思われる。それは、必ずしも外国語運用能力が高くなくとも互いに深い共感を覚える場が生まれうるなど、「言葉によらない対話」が存在することによる。

・「対話力」を培うためには、深いレベル（質）での「知識」「経験」を多く（量）持つことである。そのためには、日頃から本質的な問いかけを投げかけるとよい。

・「対話力」を妨げるのは、「知識」と「経験」の欠乏（あるいはバランスの不一致）である。さらにそれ以前に、それらを得たいという「関心」の欠乏である。目の前にいる相手・ものに興味を持てない者は、自分や世界、果ては環境や世界に対する関心も多くは持つことができない。根本から述べるならば、「世界」や「生きること」に対する関心の強さが、対話力向上を大きく左右する。この意味では、対話力は「相手（対象）とつながろうとする（つながりを見つける）力」ともいえる。

・「関心」を刺激するにはどうしたらよいか。安穏とした、危機も欠乏もない日常には生まれるべくもない。積極的な働きかけが必要である。「世界観を再構築するような、魂から何かを感じざるを得ないほど強烈な『経験』こそ、人生において何度でも求められるべきものであろう」。

・知識がなければ、経験は深くならない。あるいは正しく理解されない。経験がなければ、知識は生かされない。共感を伴わない。

・論理性の強い言葉と感情豊かな表現、双方をもつ言葉には大きな力がある。

・対話力は、対「人（ひと）」だけではなく、対「己（おのれ）」、対「世界」も含むものだ。対話力を培うには、「知識」と「経験」の総量を増やすと同時に、その深さ（質）にも意識を向けることが大切である。私がトロント留学中に知り合った教授から、「本質に興味を持つかどうかによって、その人間の持つ知性（intelligence）が証明される」との言葉をいただき、深く賛同している。

・世界がグローバル化して、フィールドがより広く複雑になるのであれば、「対話」の可能性も「対話力」の射程も広がる。異文化との接触によって新たなつながりが発生すると同時に、これまで潜在していたつながりが、より顕著に現れるからである。

（一宮　愛）

引用したほかにも、海外に滞在し、さまざまな人々と交流・交渉してきた院生たちと語り合い、またそのレポートを読んできました。また、青年海外協力隊員、外交官、海外駐在員、国際機関に勤務してきた人々、NPO／NGOで活躍する人や、海外からの留学生などと、できるかぎり語り合ってきました。院生のレポートやこうした人々と対話して得たものに筆者の体験を加味し、グローバル時代の共創的対話について、見解をまとめてみました。

・intuition を裏付けるために theory はある。
・fact と evidence は違う。人間が価値観、考え方、思想をもってある fact を取り上げたとき、fact は単なる事実から evidence になる。
（H. Widdowson , University of London, 1996 眞田亮子訳）

■グローバル時代の共創型対話

グローバル時代の共創型対話とは、対話の機能や特色を基本としつつ、多様な他者と共存・共生するグローバル社会に対応するために発展させた対話です。この対話では、世界には「利害が根本的に対立している冷厳な現実」があること、「対立の克服や相互理解は容易ではない」ことを前提とします。

そうした現実を直視しつつ、いかなる相手とも対立を決定的なものにせず、平和裏に危機を克服する、また共生・共創による市民社会を構築するための、有用な手立てが「グローバル時代の共創型対話」（以降、「グローバル時代の対話」と記す）なのです。

グローバル時代の対話では、議論を通して新たな発想が生まれることと、参加者相互の関係性の深まりを重視します。それは、議論に関する新たな文化を創造することであります。知識の集積や論議の技法のみでなく、響感力、選択・判断力など、あるいは受容・主体的な態度などをも含めた実践的知能（social competency）であり、二一世紀に生きる子どもたちに必須の能力です。

力の要素を無視することがユートピア的であるなら、およそ世界秩序における道義の要素を無視する現実主義も非現実的な姿勢のリアリズムである。

（E・H・カー著　井上茂訳『危機の二十年』岩波書店　一九九六年　四二五頁）

グローバル時代の共創型対話力を高めるためには、「合意形成を唯一の目的としない・話し合うこと自体に意味をもたせる対話」を体験させることが効果的です。

こうした対話の具体例とテーマ例を挙げておきます。

・希望ある未来を共に拓くための対話

例「地球社会を希望あるものにするために自分たちができること」

・帰属社会の成員同士として共通益や公共益をもらす対話

例「地域の生活環境をよくするためにすべきこと」「楽しい学級にするためには」

・社会改善のための対話

例「地域での、たばこのポイ捨てをなくすにはどうしたらよいか」

・多様な知見を結びつけることにより知的連帯を楽しむ対話

例「生きがいのある人生とはなんだろう」「このクラスの自慢を探そう」

こうした対話を日常的に子どもたちにさせることにより、たとえ意見は一致しなくても、さまざまな意見・叡智を出し合って語り合う楽しさを実感させ、多様な他者とも相互理解を深め、仲間としての親和感を醸成させることができるでしょう。

対立解消のための次の五つの対話方法を体験させ、習得させることも、グローバル時代の対話力を高めていきます。

- 全面的な賛成・反対はできないが、ある一定のことが遵守されれば合意する方法（「留保条件」）
- 全体での対立は解消できなくても、ある部分については話し合いにより共通理解を深め、合意していく対話の方法（「部分合意」）
- さまざまな課題についての検討フェーズを経て、論点と合意できる点を具体的に絞り込んでいき、長期的な展望に立って解決に至る段階的な道筋をつくる対話の方法（「段階的解決」）
- 深刻な対立や意見の相違があったとき、発想を変えることによって問題を解決していく方法（「発想の転換」）
- 公的機関や双方が信頼できる他者に調整を委ね、合意形成をめざす方法（「第三者による調整」）

グローバル時代の対話力を高めるための、より具体的な要件を列挙しておきます、

①対話は「応答」である。相手の伝えたいことを的確に聴き取り、対応する力を育む。
②相手の伝えたいことを真摯に受け止め、よさを認めてから対応する「敬意表現」を身につける。
③民主主義社会では「意見表明の自由と情報提供の義務」がある。当事者意識をもって主体的に参加していく姿勢をもつ。
④「批判や異見」を恐れず、むしろ受容し、活用していく。納得できる意見ならば、自分の意見を変化させる順応性をもつ。
⑤自分の意見をもち、「聴き手へのサービス精神」で、それを効果的に伝える工夫をする。論拠、事例、数値などを示しつつ表現する。表情、視線、間などの「非言語表現力」を高める。
⑥前提としての「利害の対立、理解の不可能性」への認識をしつつも、なんとか妥協点を見つけて相互理解を深めていく姿勢をもつ。
⑦相手の文化や価値観、立場などへの「響感・イメージ力」を高めておく。
⑧相対的見方、複眼的思考など、多面的・多角的な見方・考え方、組み合わせ、発想の転換、時間の活用など、「さまざまな手法」を意識的に習得し、活用する。

分断・対立・競争を原理とする「競争セクター」に代えて、連帯・参加・協同を原理とする「共生セクター」に軸足を移す。それによって、人間を第一主義とする社会への模索が始まる。

（内橋克人他共同編集代表『安心社会を創る――ラテンアメリカ市民社会の挑戦に学ぶ』新評論　二〇一〇年　一頁）

2 授業とは、「ねらい」と「仕掛け」

グローバル時代の対話を活用した対話型授業の創り方を考察するための二つめの前提として、授業そのものについて検討していきます。

この十余年、年間三十以上の授業を参観してきました。通年で実践研究にかかわってきた学校では、学習指導案の構想段階から授業者の先生と話し合い、いっしょに授業づくりに取り組んできました。教材分析や学習プロセス、対話の有効な活用方法についてさまざまな意見が出て、話し合いが数時間に及んだこともたびたびでした。数多くの授業づくりに参加してきた体験から、授業づくりの要諦とは畢竟、「ねらい」と「手立て（仕掛け）」にあると結論づけました。

■ねらいの分析

二〇一〇年一一月、東京都品川区立品川小学校六年・吉田和子先生の学級で、「世界の一二才

が幸せになるために自分たちができることを考えよう」をテーマとした対話型授業が展開されていました。教室に入って驚かされたのは、笑いの充満でした。吉田先生のちょっとした言動に明るい笑いが起こるのです。授業は、随所で子どもたちが次々と意見を出し、活発に展開されていきました。「授業の基本は学級経営にある」ことを実感させられました。吉田先生への子どもたちの信頼を基調にし、仲間と対話する楽しさを継続してきた学級づくりが、この明るさと授業の活発さを生み出していると感じました。

しかし、この授業には、大きな問題点があったのです。そのことに触れる前提として、吉田先生の学級づくりが配慮の行き届いたものであり、また本時に至るまでに、対話力を高めるためにさまざまな取り組みをしてきたことを紹介しておきます。

○学級の実態

五年生のときは人間関係が希薄で、互いに信頼していない様子が見られた。そこで、まず安心できる学級づくりに努めた。六年生となり、少しずつ和やかな雰囲気になってきたが、「間違えたくない」「友達にどう思われているか不安」という思いから、自分の考えを発表することに対して苦手意識をもつ子どもが多く、発言する子どもは限られていた。

こうした学級の子どもたちの実態を踏まえ、吉田先生は、対話や話し合いを充実させるために、次の手立てをとってきました。

○安心してものが言える雰囲気づくり
・友達を認め励まし合う態度をほめ、大切にさせていく。
・自分たちで批判し合うことの大切さも伝えていく。
・話し合い活動の前には、明るく楽しい雰囲気をつくっておく。
○聞く姿勢の育成
・相手の意見を大切にし、一生懸命聞かせる。
・うなずき、あいづち、返事など、話を聞いたら反応することを教える。
○進んで話す態度の育成
・一人ひとりが自分の考えをもち、発表することの大切さを伝え続ける。
・フリートーク形式のラフな状態で、構えずに思いや考えを伝え合うことも多く行う。その際の子どものつぶやきを拾い、認め、ほめるようにする。
・人と違う意見を出せることはすばらしいということ、反対意見が話を深めることを伝える。
・自分たちで考えを出し合うことで決められたことを提言する体験をさせる。

こうした継続的な指導が子どもたちの対話力を高め、当日の授業では、調査してきたことをもとにした各グループでの話し合いは、活発でした。授業を進めながら、意見はよく出るのですが、吉田先生は時折、何となく納得がいかない表情を浮かべていました。その思いは筆者も同じでした。やがて黒板に一〇の提案が書かれ、授業が終了しました。

吉田先生は、最後に突然、「国際理解教育の専門家である多田先生にコメントをいただきたい」と発言しました。そこで、吉田先生の思いを受け止め、参観の先生方の了解も得て、異例なことでしょうが一〇分間だけ授業を延長し、筆者が進行しました。驚いて、筆者を見守る子どもたちに、「黒板に書かれた一〇の提案をよく考えついた。でも、これだけ話し合いが上手なみなさんなのだから、もう少し深く考えたり、相手の立場に立って考えたりして、違う提案も出してほしい」と言いました。一〇の提案は、「募金をする」「文房具を送る」という、「何かをしてやる」といった同じ趣旨の提案ばかりだったからです。シーンとして考え込む子どもたちからは、やがて「お金だけでなく気持ちを伝える」「働いて、その売上金を寄付する」「自分が我慢したことを大人に認めてもらい募金してもらう」「相手の国のよいところをまず知る」「いっしょに平和について考える」などの意見が、次々と出てきました。

吉田先生の授業が終盤で深まらなかったのは、単元目標「世界の国の人々の様子について調べ、自分たちにできることを考える」ことの分析が浅かったからにほかなりません。「自分たちができること」とは何かを多角的に分析すれば、「人々や社会のために自分ができることをやること」「自分自身が充実し、成長する機会となること」「単なる施しにならないように配慮し、自分とともに相手にも喜びをもたらすこと」等々の視点があることに気づきます。

「ねらい」の分析が重要なことを示す、もう一つの実践事例を紹介しましょう。小学校二年生の道徳の授業でのことです。二人の小人たちを主人公にした教材で、「友情」がテーマでした。まだ教師になって間もない授業者の先生は、真摯に授業に取り組み、計画どおりに授業は進行しました。しかし残念だったのは、「ねらい」の分析の浅さでした。

せっかく見つけた食料を持っていってしまった友達についての気持ちを考える中心発問の場面で、ほとんどの子が「許してあげる」という意見を述べるなかで、「本当の友達なら許さない」とある子が発言しました。先生は、それを聴き流し、すぐに次の子に発言を促しました。私は心の中で「惜しい」と叫んでいました。この子は、友情の深い意味に気がついていたのです。友情とは、寛容・慈悲ばかりではないはずです。怒り、叱責・批判もあり、むしろ後者こそ、相手への本当の友情であることも多々あります。「本当の友達なら……」と発言した子は、そのことに気づいていたに違いありません。

「先生が、ねらいである『友情』の意味を広い視点から分析・考察し、認識していれば、あの発言を契機に論議が深まっただろう」、事後の検討会でこう語った筆者のいささか厳しい指摘を、若い先生は真摯に聴き取ってくれました。

■仕掛けの工夫

授業における「仕掛け」とは、教師の思いどおりに進行するための計画ではありません。仕掛けとは、子どもたちが心を開き、自由に発想し、仲間と啓発し合いつつ、より高次な知的世界に到達できるための工夫なのです。

吉田章宏氏は、授業を創るプロセスを以下のように示しています。これらは、授業づくりの「仕掛け」を検討するための手掛かりを与えてくれます。

A　教材を究める——教材研究
・ひとりの個人として　・その教科の専門家として　・子どもの立場から
・子どもを教える教師の立場から

B　授業を図る——授業計画
・計画の明確化　・授業構造の把握　・多様な可能性への対応

C　授業を生きる——授業体験
・子どもの反応への瞬間瞬間の対応　・授業は時間の芸術、刻々の創造
・独自の発見、新たな世界の創造

D　授業を省みる

・授業展開　・子どもへの対応　・教材研究　・指導技術

（吉田章宏『学ぶと教える』海鳴社　一九八七年　九一〜一〇〇頁）

このなかでも筆者は、対話型授業研究の立場から、「B 多様な可能性への対応」「C 子どもの反応への瞬間瞬間の対応、新たな世界の創造」を重視しています。

筆者は例年、かかわる学校を二〜三校決め、年間に五〜七回の研究授業づくりに参加しますが、先生方の成長にはいつも目をみはります。授業構想の過程では、苦しんだり、悩んだりしたことが多々あるようです。しかし、何回かの話し合いに参加し続けると、先生方が、一歩一歩と学びのデザイン力を高めていくのが分かります。こうした実践研究から生み出された、授業における効果的な仕掛けの具体策については、3章で詳記します。

3 学びの目的は、人間としての基盤を広げること

少し迂遠となりますが、ここで「学ぶことの根源的な目的とは何か」を考えてみます。この「問い」への探究がないと、実践が刹那的、場当たり的になるように思い、ここ数年、このことを問い続けてきました。さまざまな児童・生徒・学生とかかわり、教育実践に取り組むなかで、

それは「人間としての基盤を広げることだ」と気づきました。人間としての基盤とは、知識をもつこと、思考力や判断力を高めること、感性を練磨すること、他者の立場や思いへのイメージ・響感力を高めることなどによりもたらされる、人間としての総合力と考えます。

今、対人関係に苦慮し、自己肯定感がもてず、引きこもりとなる人々が約七〇万人、ニートは約六三万人もいるという現状があります。この傾向は学校現場にも蔓延し、人間関係に苦手意識をもち、また、「こう言ったらどう思われるか」とまわりを気にし、怖がり、自分の意見を出せない子が急増しているといわれます。

全国各地の研修会に行った折、参加した先生方に、子どもたちのこの傾向を問うと、東京・大阪といった都会だけでなく、北海道でも四国でも山陰でも、北陸でも九州でも、ほぼ八割方の先生たちが、こうした傾向を肯定します。仲間はずれを恐れ、携帯電話を布団の上に置いて就寝する高校生、小学校低学年でも授業中の挙手が少なくなってきたこと、何かで失敗すると二度と挑戦しない子どもたちのことなど、先生たちから聴かされる子どもたちの傾向に、教育実践者として座視できない思いに駆られます。学ぶことの目的は、こうした子どもたちの人間としての基盤を広げることにあると思った所以です。

人間としての基盤を広げていく——このために効果的で、子どもたちにぜひさせたい事柄を記してみます。

人間としての基盤を広げる

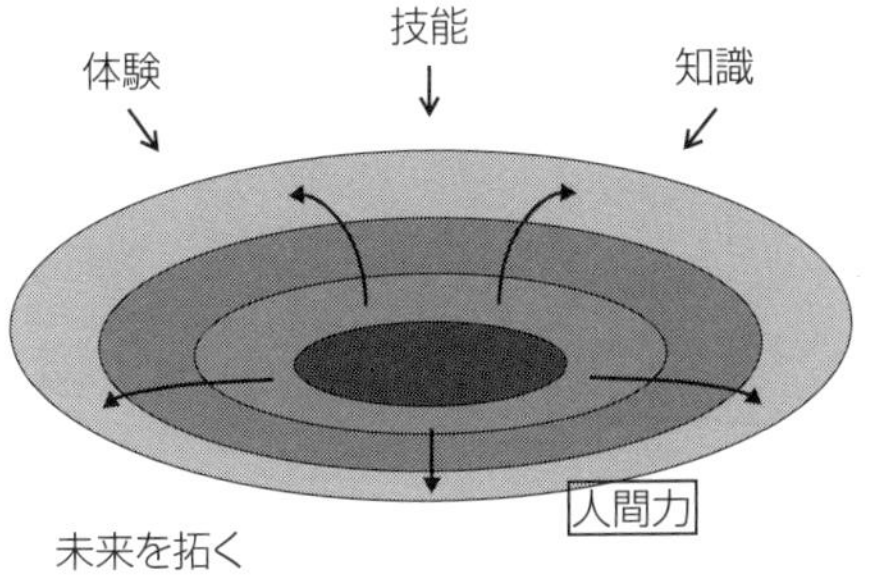

「できなかったらどうしよう」「わからなかったらどうしよう」という感覚をもうすでに就学前にもってしまう。これは「見捨てられ不安」と通底する。

予測不安は子ども社会の「関係力」を損傷させる。効率第一主義と成果主義を子どもたちは言葉で理解できるほど分析的理性をもっているのではない。身体で感じとってしまうのである。

（望月重信『子ども社会学序説』ハーベスト社　二〇一〇年　二一〜二二頁）

■多様な体験をすること

自分の目で見、手で触れ、頭で考え、心で感じる――こうした体験は、人間としての教養を高めます。体験することには、皮相的な認識でなく、実感する、感得するよさがあります。また、体験することにより、事実を深く認識できたり、問題の本質に気づかされたりします。それは、知識を学ぶことだけでは、とうてい得られないことです。その人が人生の歩みの中でどのように育ち、どのような人と出会い、どのような体験をしてきたかが、人格に表れるものです。

体験には、成功体験、挫折・失敗体験、矛盾体験、共生体験、異文化体験、振り返り体験など、多様な類型があります。現代の子どもたちに決定的に不足しているのが、こうした体験、殊に「心揺さぶられる」体験なのです。

成功体験の継続により自分に自信をもち、自己肯定感をもち、前向きに生きる力を育むことができます。挫折・失敗体験や矛盾体験は、それを活用することにより、人間としての幅を広げ、しなやかでしかもたくましい人格をつくり、つらい立場の他者の心情や立場を推察・イメージできる力を高めます。共生体験や異文化体験は、多様な他者と共に生きる困難さと、それを克服することにより共に生きる仲間を得た喜びを実感させる機会となります。労作活動に参加し、額に汗し、身体感覚をフルに活動させた体験は、生きることの喜びを心の奥底から感得させます。振り返り体験により、体験から感じたこと、考えたことを内在化し、自身にしみ込ませることができます。

筆者は高校一年生の時、些細な理由からほぼ半年の間、登校拒否となりました。亡き母の泣きながらの説諭に背中を押され、久しぶりに学校へ行き、二時間目の化学の時間に遅刻してやっと入室しました。その時の級友たちの視線は忘れられません。この日から通学を再開しましたが、三学期の成績は五〇人中で四九位、以後卒業まで、劣等生の日々を送りました。授業中は発言できず、友達もほとんどいませんでした。ホームルームでの司会の優等生の気まぐれな指名に、モジモジしてうまく答えられず、やがて無視されるという屈辱的な思いをしたこともありました。そうした日々の中で、「教師になろう」、教室の隅で劣等感にさいなまれている子どもたちの心が分かる教師になろう、と思い決めました。

この体験は、専門とした対話研究において、「どの子にも語る力、考える力はある」「どの子も認められたい、発言したいと願っている」との信念を形成する原点になりました。

体験が人間的成長に効果があることは、間違いありません。しかし、体験をさせさえすれば教育効果があるとするのは、幻想です。皮相的な体験は、むしろ安易な思考・判断を与えてしまいます。「心揺さぶる体験」こそ必要なのです。さらには、事前に「体験の意義」を知らせ、また、ときには子どもたちに寄り添いながら、体験したことの意味を語ってやる配慮も必要です。この「意義の説明」や「事後の補説」が、体験を人間形成に有用な教育活動にしていくからです。

自分に自信がなく、殻に閉じこもり、対人関係に苦手意識をもつ傾向のある子どもたちには、固定観念や既成概念がひっくり返る体験、「心の底から揺さぶられる」体験を、意図的にさせたいものだと願います。

体験的学習活動の、意欲・態度形成への有効性

「体験をさせさえすれば教育効果があるとするのは幻想」と、筆者は考えてきました。それは、体験により子どもたちの意欲や態度が変わっていき、子どもたちが自己成長していくのでなければ、あまり意味がないと考えていたからです。こうした筆者の思いを実践研究し、そこから理論化したのが、長野県駒ヶ根市立東赤穂小学校教諭の原郁雄先生の、体験的学習に関する実践研究でした。

原先生は、長年の実践研究から「『気づき』にとどまらず、『意欲・態度を高める』方向に子どもたちを変容させることは難しい。それはなぜか、どうしたらよいのか」との問題意識をもちました。そして「『認識』に『情感』が加わった時に、子どもたちの中で情感的なものが動き、それによって価値観が変わり、子どもの態度・意識面は変容していくのではないだろうか」と仮説的に考え、さまざまな実体験的学習に取り組みました。その原先生が実践した実践事例を引用します。

○実体験的学習の事例――ストリートチルドレン宿泊体験（小学校五年生）

海外の貧困の厳しさを、本や外部講師によって知らせてきた。そうした学習のプロセスの中で、子どもたちの発案から、ストリートチルドレンと同じように学級全員で屋外に一晩泊まってみた。予想以上に厳しい生活を、子どもたちは実感した。以下は、参加した子どもの感想である。

・痛い・寒い・眠れない。

・たった一枚のパンがいつもよりずっとおいしく感じて驚いた。

・寒くて怖かった。家に帰りたかった。これで帰る家がないなんて……。
・こんなことを続けたら、病気にかかって死んでしまう。ここより危険なところで寝ているなんて信じられない。

以下は、原先生の実践報告レポートの抜粋です。

実際、夏・初秋とはいえ長野県の夜中の屋外は冷え込み、その上、コンクリートの堅さは段ボールを通して体に伝わり、「痛い・寒い・眠れない」の三重苦という感じだった。これは、よく眠れてしまったら失敗、よく眠れなかったら目標達成という、普通とは逆の体験となった。子どもたちはこの一晩で、「ストリートチルドレン」と言葉で言うのは簡単だけど、その実態には、自分たちと途方もなくかけ離れた大変さがあることを、文字通り「身をもって」実感した。この体験とその実感理解の影響は大きく。その後、子どもたちは強い意欲をもち、寒さ対策のための衣類支援活動に乗り出していった。

研究室を訪ねてくださった原先生とは、五時間あまりにわたって語り合いました。その中で、ストリートチルドレンの宿泊体験の企画が、子どもたちの「対話」によって運営され、例えば、夕食の食パンを何枚にするかを論議して一枚にしたこと、寝る場所や段ボールを敷いて寝ることなどは子どもたちが決めたことなど、活動の詳細な様子を知りました。また、食べ物が十分でない状態を感得するため、七人の子がまったくパンを食せず一晩を過ごしたことも聴かされました。「たった一枚のパンがいつもよりずっとおいしく感じて驚いた」との感想は、そうした子の一人が書いたもののとのことでした。

先生の研究レポートは、二〇一〇年度の外務省主催「グローバル教育コンテスト」において、国際協力局長賞を受賞しました。

■人生を豊かにする時間

人間としての基盤を拡大するためには、時間の過ごし方も大切だと考えています。人間が心身ともに健全に生きるには、「三つの時間」が必要です。その一は、趣味やスポーツなど、楽しみに夢中になる時間です。その二は、問題解決へ向かい、計画を立て、計画に沿って努力する、折々に点検・修正しつつ成功体験を味わうといった、問題解決にあたる時間です。その三は、思いを巡らす時間です。心の赴くままに過ごす、何かのための時間との意識や時間に追われることの思いから解放され、時の流れに身をまかせる時間です。現代の子どもたちに殊にもたせたいのは「思いを巡らす時間」です。

現代の人間生活をめぐる大きな問題は、自省したり、感じたり、考えたりする貴重な時間帯である「思いを巡らす時間」が失われていることです。絶えず周囲に音がないと落ち着かない、電車の中や、教室でさえ携帯電話のやりとりをしないと不安である、こうした子どもたちの状況は、子どもたちから、本当の自分を確認したり、考えたりする「時」を奪っています。さらには、「一人になること、孤独になること」への過度の恐れ、怯えさえもたらしています。

子どもたちに、孤独を恐れず、むしろそれを活用し、自分を見つめ直し、自分と対話することにより、「納得できる自分の生き方」を見出す「思いを巡らす時間」を確保してやる必要があります。自分を見つめ直す時間をもつこと、それは、周辺にいてくれる人、そして遠くから自分を支えてくれる人の存在の大きさを感知する機会ともなるのです。

■知的世界を旅する喜び

筆者は、子どものころから読書が好きでした。小学生時代は、一部屋に親子四人が間借りしていたので、場所がなく、押し入れの中で貪るように本を読んだのを覚えています。そのころ読んだ、遣唐使の物語や北欧神話の本の内容は、今でも記憶しています。

学生時代、よく旅をしました。その旅の中で心に残っていることの一つは、親友の山田和雄君と二人で秋に秋田・岩手・宮城を巡る旅をしたことでした。お金がなく、秋田の能代では後輩の家に泊めていただき、「きりたんぽ」を初めて食べ、そのうまさに驚きました。翌日、鈍行列車で岩手へ向かい、その車中で、後輩のお母さんが作ってくれたソフトボールのようなおむすびをかじりながら、その美味にまた感動したものでした。仙台では、ついにお金がなくなり、駅で夜明かししました。ベンチで横になっても寒さに震え、ごみ箱から新聞紙を拾い出し、身体に巻きつけて寝ました。たったひとつ残ったコンビーフの缶詰が唯一の食料で、少しずつ少しずつ食べながら、東京までの長時間の車中を過ごしました。

野宿をしたり、空腹であったり、つらいことも多かった旅でしたが、行く先々で出会った人々の温かさにふれることができ、また雄大な山々が朝日に輝く光景に見とれ、車中から夕陽に照らされる海を飽かず眺めることができました。

これまでの人生の途上で、世界各地や国内の多くの地域を旅しました。どの旅にも得がたい思い出があります。その思い出の一つひとつが、自分の視野を広げ、自分なりの思想の形成に資してきたと思えます。

さまざまな人との対話もよくしました。スキューバダイビングを趣味としている若者、古代カヌーに乗り込み世界の人々と太平洋を航海してきた女性、「多田先生のため、いつもお祓いしていますよ」と語ってくれる教師（出雲の神社の巫女さん兼業）、B級グルメの探訪者、アロマセラピーの研究者、フランス文学者・作家、舞台装飾の専門家、新聞記者、青年海外協力隊員、外交官、ＮＰＯで活動する人々、そして対話研究の仲間たちなど、多彩です。語り合いの楽しさをもたらす人との出会い、見知らぬ世界の話を聴くことは、人生の大きな喜びです。

研究者を志してから、ほぼ毎朝、五時には起床し、二階の書斎に入ります。ときにはつらい日もあるのですが、やがて机に向かって知的世界に入る喜びが広がってきます。文献を読み、資料を検討し、文章にまとめる作業、その過程には呻吟する厳しさや苛立ちも生起しますが、気づき、発見、納得に至る、心揺さぶられる喜びがあるのです。

人生は求めれば、楽しさ・歓びに満ちているのです。知的好奇心をもち、そうした新たな世界を探訪していく楽しさを子どもたちに知らせたいと、切に思います。

ここまで、学びの目的は人間としての基盤を広げることであると、記してきました。対話をしていて楽しいのは、知的な世界を共に旅する快感を共有するときです。そうした対話の相手は、人間としての基盤が広い人であると気づかされます。対話力を高めることの基調には、迂遠なことですが、人間としての基盤を広げることがあると思っています。

人間としての基盤、それは固定せず、常に広がり、また縮小します。知識を得ること、体験や対話をすること、柔軟な姿勢をもつことなどは広がりをもたらし、他方、傲慢さや頑なさなどによって、縮小していきます。人間が、生涯にわたって、自分の基盤を広げる意識をもち、固く・狭くなる自分を戒める必要がある所以です。

4 二一世紀の人間形成

今、地球環境問題、食糧・人口問題、疾病、国際紛争などの地球的課題が、私たちの生活に多大な影響を与えてきています。こうした現状を直視するとき、これからの世界は、これまでの世界と大きく変化していくことが予想されます。

先に、現代の子どもたちの閉じこもり傾向について記しました。しかし、多田ゼミに所属する学生たちをはじめ、機会あるごとにさまざまな若者たちとじっくり語り合ってみると、彼らは繊細であり、また多様な分野に知的関心をもつ子も多くいることに気づかされます。彼らが潜在的に感じ取っているのは、時代が変化することへの不安ではないでしょうか。先行きの見えない時代に、どう生きていったらよいのか、そうした漠とした不安が心底にあるようにも感じました。

教育は、未来を創る創造的な営みです。その教育が「希望ある未来を創る」ために、どのような人間形成に向かうべきなのでしょうか。時代を展望するとき、文化や価値観の異なる人々と協働し、知恵や解決策を生み出し、問題解決のために行動できる力、意見の違いや対立を生かしつつ相互理解・相互信頼を深めていける対話力など、新たな資質・能力や技能をもつ人間を育成することが、教育の緊要の課題といえます。

この課題を検討していくための基礎作業として、二一世紀の社会や教育にかかわり使用されるキーワードについて、その意味を考察し、解釈を加えてみます。そのプロセスを通して、二一世紀の人間形成についていて述べていくことにします。

■「共生」とは

まず、多文化共生社会における「共生」をどう捉えたらよいでしょうか。筆者は、「共生」とは「多様な人々との相互理解を深め、親和的かつ相互扶助の関係を醸成し、また、文化や価値観・立場の違いや、異なる意見による対立を乗り越え、対話や共同活動を通して、新たな知見や価値を生み出し、そのプロセスで創造的な関係を築きあげていくこと」と考えています。

留意すべきは、「共生」の概念です。「共生」は、次の二つに大別できるでしょう。一つは、同調を重視する「同質・調和的共生」です。もう一つは、異質の存在を容認し、尊重する「異質を生かす共創型共生」です。前者においては、異質な存在は混乱を起こす要因として排除され、安定してはいるが閉鎖的です。後者では異質を尊重し、むしろ多様性を発展の要因として捉えます。したがって、さまざまなものを取り入れる開放性があります。

二一世紀においては、後者、すなわち「異質を生かす共創型共生」社会が具現化されていくことが望まれます。こうした社会に生きるには、相互理解の難しい人々、分かり合えない人々とも、地域や地球社会の構成員同士として対話し、知恵を出し合い、課題の解決に参加・協働をなす、創造的な関係が構築できる力を培わせることが必要なのです。グローバル時代の対話が重要な所以です。

■多様性の尊重とは

次に引用した文章を読んでみてください。奈良女子大学附属中等教育学校の南美佐江先生の修士論文からの引用です。南先生は十余年にわたり、世界の高校生と日本の高校生が年一回、持ち回りで各国に集まり、「平和」「環境」などのテーマについて論議する「グローバル会議」を担当してきました。引用文は、参加した高校生の感想文の抜粋です。

〈高校生の国際交流体験から〉
・しゃべりたいものをもっている自分に気がついた。思った以上に語る自分に驚いた。
・ここで自分がしゃべると論議が止まるのではないかと悩んで、やめたことがあった。

・熱い思いは対話への意欲を高める。しかし継続するには、「深まっていく対話」が必要だ。
・結論を先に言うような、分かりやすく伝える工夫、説明の仕方の習得が必要だ。
・根本的にものごとを深く考え始めた。人としゃべって気づくことがたくさんあった。
・批判されたが、悪気があったのではなく、違いを伝えようとしていたと気がついた。
・違った考えや文化をもつ人々と対話する楽しさを実感した。

この感想文を読むと、実際に異文化をもつ他国の若者と論議してきた体験からの感想だけに、対話指導の視点から示唆を受ける文章が多々あります。なかでも筆者が注目するのは、「違った考えや文化をもつ人々と対話する楽しさを実感した」との感想文です。

たしかに、日本人同士であっても、自分とは異なった体験、考え方などをもつ人々との対話は、気づかされ、啓発され、視野を広げられることが多く、楽しいものです。ましてや国情、地域性、行動様式や思考方式の異なる人との対話では、対立や意見の隔たりはたびたび起こるでしょうが、そこには新たな知的世界を知る喜びがあります。感想を書いた高校生は、きっとグローバル時代に必要な対話力を高めていったに違いありません。

「多田先生に最初に届けたい」と言って修士論文を手渡しにきてくれた南先生は、日本の高校生六人とフィリピンの高校生とが対話したときのことを語ってくれました。「日本の高校生たちは、日本の常識が相手に通じないことにも驚きます。例えば、『いじめ』について話題にしても、通じない様子なのです。どんな状態になるかがイメージできないらしいのです」「興味深かったのは、両国の高校生が自主的に一室に集まって、『いじめ』について原因や解決策を一晩中、みんなで話し合ったことでした」と語ってくれました。

南先生が語る高校生の国際交流の有様から、「多様性を生かす」「真摯に語る」「響感・イメージ力をもつ」といった、グローバル時代の対話の基本的な方向性が示されたように思いました。日本の子どもたちの「縮み思考」を打破し、人間としての基盤を広げるためにも、多様性を生かす姿勢を学びの中で培っていくことが期待されます。

西洋の近代技術文化の指向性を絶対化せず、他の技術とのかかわりで相対化すること、そしてこれまでのモデルAの指向性だけがグローバル化したため、ローカルな位置に追いやられてきたモデルBやCの技術文化の指向性も積極的に取り込む努力をして、地球のよりよい未来をつくる努力をすべきであろう。

（川田順造『人類の地平から』ウェッジ 二〇〇四年 一六八頁）

■かかわりの重視

人間は、他者とのかかわりによってこそ成長していく動物なのです。他者とかかわり、協働し、相互啓発しつつ、人間としての基盤を広げていきます。たとえ、葛藤、軋轢が生じたとしても、それさえ成長の糧となるのです。

現代の社会変化は、「知識基盤社会（knowledge-based society）」の到来であり、経済協力開発機構（ＯＥＣＤ）は、そうした時代を担うのに必要な能力を「主要能力（キーコンピテンシー：key competency）」とし、二一世紀に身につけるべき知識・技能、あるいは能力として、「言葉や技術を相互作用的に使う」「異質な集団で共に行動する」「自律的に行動する」を示しています。また、欧州における「民主的市民教育（Education for Democratic Citizenship）」の推進は、多様な民族が共存（co-existing）している地域の現実を受け入れ、多様な他者と共に生きる（living together）社会を形成できる行動的市民（active citizen）の育成をめざした具体的な取り組みであり、我が国の今後の教育の方向にも多くの示唆を与えています。

多様な他者との創造的な関係の構築力は、二一世紀の社会に生きるための重要な知力といえます。批判や異見を恐れず、むしろ生かすことのできる順応性や統合力、ときに厳しい非難にあっても傷つくことなく、妥協点や合意形成をめざすことのできる「しなやかなたくましさ」の育成が望まれます。

それでは、人間はどのような人や事柄・事象と「かかわり・関係性」をもっていくのでしょうか。人間は、自分自身すなわち「自己」、そして「他者」、また社会の構成員として「社会」とのかかわりをもちます。さらには、「事物、事象、問題等」とかかわりをもちながら生活しています。地球的視野からみれば、人間は「空間」、すなわち世界各地とのつながりをもち、また「時」、つまり現在は過去と未来とのつながりの中で生きています。さらに、人は「地球生命系の一員」として、多様な生命体とかかわりをもって生きているのです。

かかわりを重視するとは、かかわりの対象を認識するだけではありません。相互の関係を考察・分析し、やがては、つながり自体を強める姿勢と行動力をもつことが重要となります。すなわち、「システム思考」による行動力が必要なのです。かつて筆者が日本語・日本文化担当の教師として一年間勤務したウエストバンクーバー高校の教室には、次の標語が掲げられていました。

1　関連＝学んだことを自分と関連づけよう。
2　視点＝学んだことは、誰の視点からの見解かを検討し、真実かどうか考察しよう。
3　証拠・論拠＝知っていることも、証拠や論拠を示しながら自分で証明してみよう。

この高校では、政治・経済のシステム、裁判所の機能、多様な文化をもつ人々の共生のあり方等々を学ぶ教育が重視されていました。また、標語にあるように、知識や事象を単純に受け入れるのではなく、因果関係・関連性を吟味する学習が重視されていました。自由と責任を基調とした民主社会の担い手を育成するためには、広義な意味での「関連性」を重視した教育の推進が望まれます。

〈パイクとセルビーの示すグローバル教育の要約〉

○システムに対する認識を高める
・システムの視点から思考する能力を得ること
・システムとしての世界を理解すること
・自分の能力と可能性を全体的なものとしてとらえること

○視点について認識を高める
・自分たちの世界観は必ずしも普遍的でないことを知ること
・他者の視点を受容する能力を養うこと
・グローバルな問題状況や開発・発展とその傾向についての認識とを獲得すること

○地球環境について認識を高める
・正義、人権、責任について十分な情報を得た上で理解し、それをもとにグローバルな問題状況、開発・発展とその傾向を理解することができること
・地球環境を考慮しながら、未来への方向性を定めること

○かかわることについての認識とレディネスを養う
・個人、あるいは集団で行う選択や行動が、地球の現在や未来に影響することを知ること

・草の根からグローバルなことに至るまで、多様なレベルの民主主義的決定に、効果的に参加できるよう、必要な社会的・政治的行動のスキル（技能）を養うこと

○プロセスを重視する

・学習や人間の成長は、決められた最終目的などない、継続する旅のようなものだと知ること

・新しい世界観は活力を回復させるが、同時に危険性を伴うことを知ること

（グラハム・パイク／ディヴィット・セルビー共著 阿久澤真理子訳『地球市民を育む教育』明石書店 二〇〇四年 五四〜五五頁抜粋）

■当事者意識と主体的行動力

「国連 持続可能な発展（開発）のための教育（ESD：Education for Sustainable Develop-ment）の一〇年」は、「自分の考えをもって、新しい社会秩序を作り上げる地球的視野をもった市民の育成」を提言し、ＯＥＣＤは、知識基盤社会到来への対応として、「単なる知識や技能だけではなく、技能や態度を含む様々な心理的・社会的なリソースを活用して、特定の文脈の中で複雑な課題に対応することができる力」の育成を提示しています。我が国の国際理解教育の方向にかかわる報告書『初等中等教育における国際教育推進検討会報告――国際社会に生きる人材を育成するために』（二〇〇五年）は、「国際関係や異文化を単に『理解』するだけでなく、自らが国際社会の一員として、どのように生きていくかという主体性を一層強く意識することが必要」と記して

います。

多様な他者とともに、所属集団・地域や地球規模の課題・問題の解決に参加・協働する当事者意識や主体的行動力は、二一世紀の学校教育が意図的に育むべきことなのです。

「主体的行動力」とは文字どおり、自らの意思により主体的に行動することですが、それは、「人間としての選択の可能性（human development）」が保障され、望ましい状況を希求して、自己判断・自己決定できるときに具現化できます。「当事者意識」とは、所属集団の一員としての自覚をもちながら、自己の思考・判断により、自己選択し、主体的に考え、行動する意識といえるでしょう。多様な他者とともに、所属集団・地域や地球規模の課題・問題の解決に参加・協働する姿勢・態度を形成する基調となる意識が当事者意識・主体的行動力なのです。

二一世紀の学校教育では当事者意識・主体的行動力を高める多様な学習が実践されていくことが望まれます。

> 持続可能な社会の構築に有為な人材・国民の育成には、大量生産・大量消費・大量廃棄に基礎を置く生活スタイルや産業構造を支える価値観や行動様式を、生物多様性を確保しながら、持続可能な消費、生産パターンに転換することが求められている。
>
> （中山周一／和田文雄／湯浅清治編『持続可能な社会と地理教育実践』古今書院　二〇一〇年　八頁）

■自己変革力

二一世紀の多文化共生社会に生きる人間として、きわめて重要な資質・能力は、「自分を変える勇気」をもつことです。自分の考えをもつことは、対話の基本です。と同時に、自分と異なった意見や感覚に興味をもち、それを生かすことにより論議が広まったり深まったりすることを知ることが、対話を充実させます。ここで必須なことは、納得したり気がついたり共感したりしたら、自分の意見を変え、新たな自己見解を「再組織化」することができることです。

このためには、批判を「非難」と受け止めず、前向きに捉える姿勢をもつことも大切なことになります。批判は、誹謗・中傷とは異なります。批判は非難ではなく、むしろ好意あふれる行為なのです。

自己変革への姿勢として保持したいのは、「吸収力」「知的好奇心」をもつことです。創造とは、「吸収」の蓄積から生み出されます。たとえば書道の達人は、運筆の基本を繰り返し、名作を模倣します。その蓄積から、創作が生まれるのです。筆者は、相手が学生であろうと、未知の情報をもっていたり、斬新な視点をもっていると感じたときには、「それ、どういうこと？ 詳しく話してくれない？」と問うことにしています。そうした「知的好奇心」をもつと、自分の考えが深まり、視野が広がり、少しでも成長したと実感できることがあります。

子どもたちには、「他者の意見を聴いて、自分の意見を修正したり、変えたりすることはいいことなのだ」ということを伝えておく必要があります。できたら意図的に、他者の意見により変化していった自分を想起させたり書かせたりする手立てをとることも、有効でしょう。

生命の本質は、結局、「複雑な場所の中で、その場所の状態に整合的になるように自己を創出しつづけるにはどうすればよいか」という問題を解明することによって知られる、と考えるに至りました。
この複雑な場所の中で生きつづけていくための十分条件が、適切な情報を刻々と創出し（リアルタイムの創出性）、その情報によって自己を制御する性質（創出的な自律性）であると思います。
具体的には、新しい出来事の自己にとっての意味を、絶えず適切に発見していき、そしてその発見に基づいて、自己と場所とが整合的になるように、刻々と自己制御していくということであります。

（清水博『生命知としての場の論理』中公新書 二〇〇六年 一四九頁）

対話を自分の不完全性の自覚、つまり、相手が自分にないものを必ずもっているという認識を前提として、相互に受け入れようとする構えで話し合うこととした。

（富山大学人間発達科学部附属小学校編著『対話が授業を変える』富山大学出版会 二〇〇八年 六頁）

ここまで、二一世紀を生きる子どもたちに必要な資質・能力として、「多様性」「かかわり」

「当事者意識・主体的行動力」「自己変革力」について解説してきました。筆者はこれらとともに、「響感・イメージ力」の重要性を提唱しています。このことについては、後述します。

ここで、若干の追記をしておきます。これらの資質・能力は個別のものでなく、相互に関連していることです。たとえば、「かかわり」とは「多様性」とのかかわりであり、多様性とのかかわりが、「自己変革力」や「当事者意識・主体的行動力」につながっていきます。また、その逆方向もあるでしょう。さまざまな資質・能力の出合いの状況のイメージはアメーバ状のものであり、相互に浸透し、混じり合って広まり、高まっていきます。すべての資質・能力の出合いにより、とりあえず統合され、自己が確立されていきます。その自己はやがて、新たな出合いにより、相互に浸透し合い、広がり高まる循環のプロセスをたどります。「とりあえずの統合」その中核になるもの、それは「生命」であり、「よりよく生きようとする力」とも考えています。

ようやく学びを語る項にたどりつきました。遠回りでしたが、これまで述べてきた事柄を考察しておくことが必要でした。二一世紀の教育の背景や目的などを教師が認識していないと、教育実践が形式的・皮相的となり、上滑りし、「事実として子どもたちが成長する」ものになっていかないと危惧したからです。

それではいったい二一世紀のグローバル時代、多文化共生社会に生きる人間としての資質・能力、技能を育む学びについてどのように考え、実践していけばよいのでしょうか。
筆者の提唱する「対話型授業」の基調とする考え方を、以下に記しておきます。

5 「統合」の思想による二一世紀の学びの創造

二一世紀の教育の基調として、「統合の思想による学びの創造」を提言します。それは、権威主義、比較・効率重視の競争主義を克服し、参加・協働・共創の原理を追求する学習の方向であり、ハイブリッドな出合いを活用する学習でもあり、事実として学習者が成長することを希求したプロセス重視の学習でもあります。

■「統合（integrate）的な知」とは

知力は、専門的知見を深める知と、さまざまな知を結び、その結び目から新たな視座や領域を生み出す知とに大別できるでしょう。後者を「統合的な知」と名づけることとします。「統合的な知」とは、多様な分野の知見を統合させ、また、多角的見方、複眼的思考により、さまざまなシステムや課題を解決していく知力です。

複雑な要因が絡み合っている地球的課題の顕在化、世界各地での多様な思惟方式や行動様式をもつ人々の混在する多文明化の現実を直視したとき、そこに生きる子どもたちに、統合的な知を育む必要があることを痛感します。

■「統合」の思想を基調とする学習

学習は、「定型」型学習と「非定型」型学習に大別できます。「定型」型学習とは、正答に達することを目的とし、知識の伝授や記憶を主とした「teaching-learning」型学習といえます。比較・効率が重要視される「bad 主義」の傾向があります。他方、「非定型」型学習では、思考や理解するプロセスや、獲得される内容が子どもにとってどのような意味をもつのか、どのように関係（レリバレンス）しているのかを問題にします。「引き出す」こと、「探究する」ことを重視した、「education-study」型学習です。問題解決能力、批判的思考、参加・協同・対話力などが重視され、子どもの興味・関心を喚起し、そこをスタートとして、知の統合を図り、新たな知見を生み出すことをめざした学習です。子どもたちの多様な発想に柔軟に対応し認める「get 主義」の学習といえます。

学習はまた、「現状維持」型と「革新」型にも類型されます。「現状維持」型学習とは、与えられた問題を解決すること、繰り返し起こる周知の状況に対応するための確定した見解方法、規則を習得することを目的とした学習のあり方です。

一方、「革新」型学習は、「先見」と「参加」を重視した学習です。「先見とは、起こり得る偶発的な事件に備えて、長期未来のための代替策を検討しようとする姿勢を意味している。参加とは形式的でなく、当事者意識をもち、協力、対話、共感していくこと」、また「自らがよりどころにしている規則や価値観を常に吟味し、時宜にかなったものは残し、時機遅れになったものは捨てていくこと」（ローマ・クラブ『限界なき学習』一九七二年）との考え方による学習です。

「統合」の思想を基調におく学習とは、「非定型」型学習、「革新」型学習、さらには、異なる分野を出合わせる「ハイブリッド」による学習と考えています。筆者は、先行き不透明な社会、多様な人々と共存する社会に生きる人間としての資質・能力や技能を高めるためには、学習の基調に「統合」の思想をおくことが有用と考えています。対話力を高めておくことが、こうした学習に不可欠なことは論をまちません。

補説すれば、いったん統合された知は、やがて新たな課題や問題に出合い、また知見を広げ、戸惑い、混沌とし、拡散していきます。それがまた統合へのプロセスをたどるのです。そうした意味で、「統合の知」とは「循環の知」でもあるのです。

いまの日本の教育は「見る目」を養おうとしない。逆立ちしているからですよ。先ほど言ったように、先に正しいやり方があり、正しい文字があり、正しい発音があると思っている。これは話が逆です。あるのは受ける側の正しい聞き方であり、正しい読み方であり、正しい見方、なのだから。

（養老孟司／竹村公太郎『本質を見抜く力』ＰＨＰ新書 二〇〇八年 二三六〜二三七頁）

■二一世紀の学びとは

「統合」の思想を基調におきつつ、二一世紀の人間形成に資する学びの方向について集約してみましょう。

①専門的知見を深める学習から、さまざまな知を結び、その結び目から新たな視座や領域を生み出す「統合的な知」の育成を目指した協同学習へ
②過度の比較・効率重視の競争主義から、関係を重視し、参加・協働・共創の原理を追求する学習へ
③知識の断片の伝授偏重の学習から、多様な出合いを重視する異種混交学習へ
④対立、混沌、困難さなどをむしろ生かし、新たな知恵や価値を創発する学習へ
⑤予定調和的な学習のみでなく、予測できない課題を解明する学習へ
⑥学習意欲の向上を督励する学習から、学習者が学習の意味を認識し推進する学習へ
⑦異見や批判に啓発され、多様な体験をなし、自己変革し、自己成長していける学習へ

上記の基本的な考え方に立った学習の効果を上げるためには、「学習課題は、少し難しくし、さまざまな調査方法を実施させる」「結論だけでなく、プロセスを大切にする」「調査結果だけで

なく、自分たちで考察したことや、そこからの提言を出させる」学習を展開させたい。また教師の柔軟な対応、適切なコメントが学習効果を高める。
（多田孝志「学校におけるＥＳＤの進め方」『中等教育資料』No.895 二〇一〇年 二二～二三頁に加筆）

グローバル化の進展により、世界はダイナミックに変化してきています。多様な文化や価値観をもつ人々と共に生きる多文化共生社会が現実化し、また地球温暖化をはじめとする地球的課題の顕在化は、地球社会・地球生命系に危機的状態をもたらしています。

アーヴィン・ラズロは、「世界は大転換期を迎えており、持続可能な社会を目指した『局面打破』と、途絶・断絶し、それにより暴力の拡散と無秩序な状態に進む『世界崩壊』との岐路にある」とし、その分岐点を二〇〇五～二〇一〇年としました。そして、今後の教育には、「歴史的知識を伝授する機能だけでなく、歴史的に先例のない問題を解決するための判断力・創造力（タイムリー・ウィズダム）の育成」が必要であると提言しています（平成一六年度教育改革国際シンポジウム「持続可能な開発と二一世紀の教育」基調講演より）。最近の世界各地での異常気象の頻発、世界経済の混乱、過酷な状況をもたらす巨大災害などは、ラズロの指摘に現実感を与えています。

翻って、現代の青少年の実態を直視するとき、体験が少なく、対人関係に苦手意識をもち、未来に漠たる不安感を抱く傾向が増幅しているようにみられます。こうした青少年たちの自己肯定感を高め、多様な他者とともに希望ある地球社会の未来を創る力を育む、その要諦は、対話力の向上にあると信じます。

次章では、グローバル時代の対話力を育むための考え方と具体的方策について記していきます。

2章 伝え合う・通じ合う・響き合う・創り合う対話力を高める

本章では、二一世紀に生きる人間の基本技能としての、グローバルな時代に必要な対話力を育成するための具体的な方途について述べます。

グローバル時代の対話力とは、多様な文化をもつ人々と共生するための「共創型対話力」といえるでしょう。そうした対話力をもつことが、多様な他者と創造的な人間関係を構築し、多文化共生社会に応じた、新たな倫理感・社会規範を生み出し、地球的課題を解決し、持続可能で希望ある未来社会を構築していける人間を育むことにつながっていくのです。

急速にグローバル化していく現代の世界の状況を看取するとき、少数の強者により多くの機会と所得が配分される一方、圧倒的多数の相対的な弱者は、自由競争の嵐の中で、保護装置を失いつつあり、生活向上のための機会も得られず、貧困に陥っています。そうした人々のなかには、苦境の中で耐えていくしかないと考え、無力感に沈んでいく人々が多発しているように見えます。

一方、不条理な状況に怒り、不寛容な原理主義やそれに基づく暴力的な感情にとらわれ、過激な行動に走る人々もいます。

現代の世界に蔓延する、分断や対立の現実を見据えつつ、「人類の知的及び精神的連帯」をもたらし、対立や亀裂を克服できる対話力を育成していくことは、今後の学校教育の緊要の課題であると考えています。

こうした対話力を育成していくための第一歩は、対話の概念を広げること、対話することの意義を深く考察しておくことにあります。

1 対話することの意義

本書では、「対話」の概念を広い意味で考えています。一対一のみでなく、複数以上の他者との相互交流も「対話」とします。また、ことばによる対話だけでなく、感性・感覚の交流、無言の意思の伝達も有効な「対話」と捉えています。つまり、他者と伝え合い、通じ合い、響き合うことは、ことばのみでなく、いかなる方法であっても「対話」とします。

さらに、めざしている「対話力」とは、皮相的・形式的な「浅い対話（shallow dialogue）」ではなく、かかわる人々相互の内面に迫る「深い対話（deep dialogue）」であることも記していきます。

■「対話」の概念を広げよう

全国各地の小・中学校、高校で「対話」に関する授業をさせていただいています。飛び込み授業ですので、引き受ける前は悩み、実際の授業では失敗も多く、忸怩たる思いをすることも多々あります。ただ、少し安堵するのは、事後の検討会で「あの子があんなに語るのに驚いた」との感想がよく出されることです。いつもは寡黙な子も、いつもとは違う先生による、いつもとは違う授業に、心を開き発言しやすくなるのかもしれません。

授業中、筆者の心にあるのは、「子どもたちは誰でも発言したい中身をもっているし、発言したいとも願っている」との思いです。ですから、子どもたちを期待の眼で見つめ、発言を待つようにしています。

対話型の授業の中できわめて大切な教師の心構えは、「『対話』の基本は『対応』である」ということです。無言でも、うなずいたり発言者を見つめたりしている子たちは、「対応」しているのです。対応している子は、心の中で自分の考えをもち始めているのです。ことばに出して「ものを言う表現」は、対話型授業を活性化していきます。と同時に、「ものを言わない表現」を重視すること、それを引き出してやることも、学級全体の子が参加し、対話の質を高めるために、必須なことなのです。

寡黙な子、黙り込む子は、考えがないのではありません。深く考え込んでいたり、さまざまな視点に思いを巡らしたり、ときには相手の立場や心情を推察しているのです。ですから、軽々に発言できずにいるのです。口下手な子はいます。このような子は、自分の発言に責任をもち、きちんとした内容を語りたいから、ゆっくり話すのです。他者の伝えたいことをしっかり受け止め、深く感じ、よく考えられた言葉を、自分の指で一つひとつ確かめるようにして表出させた言葉、むやみな言葉やよどみない言葉でなく、どこまでも自分の言葉をさがしながら語られる言葉、そうした言葉の断片が、流暢な活弁よりも心に響くメッセージを伝えてくれることがあります。

対話とは、単なる伝え合いだけではありません。「通じ合い」「響き合い」さらには「共に創り合い」する活動なのです。「通じ合い」「響き合う」——このためには、対話の概念を広げ、言葉によらない表現の重要性に思いを馳せることが大切なのです。

筆者の祖父・梅沢金治は、清貧に生涯を過ごし、その人柄から「仏の金治」と呼ばれた大工の棟梁でした。鑿《のみ》一本で欄間の透かし彫りを施し、釘を一本も使わず建具をつくるような名人でした。寡黙で、弟子たちに言葉で指導したり、叱るようなことはありませんでした。中学生時代、亡き母の指示でよく仕事場の下働きに行かされました。そうした折、祖父が鋸を引き、鉋《かんな》で削り始めると、弟子たちが手を止めてじっと見つめている姿をよく見ました。祖父はまさに「背中で伝えていた」のでした。

「言葉によらない表現」の重要性に教師が思いを馳せると、子どもたちのさまざまな反応を鋭敏に捉えることができます。その教師の鋭敏な捉えが、子どもたちに対話への勇気と自信をもたらし、教師への信頼を醸成していくのです。

「伝達能力」とは、文法的に正しい文をつくることができる能力だけでなく、場面に応じて社会的・文化的にも適切に言語を使うことができる能力を指す。
（林宅男編『談話分析のアプローチ 理論と実践』研究社 二〇一〇年 一九二頁）

言語とは本来、一方から他方へと受け渡されるようなものではありません。それは連続しているものです。しかも、絶えざる生成の過程として連続しえるものです。
（ミハエル・バフチン著 北岡誠司訳『ミハエル・バフチン著作集』新時代社 一九八〇年 二〇八頁）

■「浅い対話」と「深い対話」

対話には「浅い対話」と「深い対話」があります。「浅い対話」とは、儀式のような対話、形式的、皮相的な対話です。指示、連絡、報告などに終始し、論議の深まりがない対話です。一方、「深い対話」とは、知的爆発、知的化学変化、知的共創が随所で起こり、対話の愉悦を堪能できる対話です。また、対話することにより、新たな知見や解決策が共創できる対話です。

福岡県の公立高校の教師・鹿野啓文は、対話の愉悦を共有できる仲間です。鹿野との対話はいつも談論風発し、時が経つのを忘れます。長崎・福岡に調査に行った折、前原近郊の海岸の牡蠣《かき》小屋で炭火で焼いた牡蠣や帆立貝を食しながら語り合いました。筆者が長崎市の郊外、五島列島を遠望する外海の海岸に建つ遠藤周作文学館を訪ねた感想や、明治期に陸の孤島とされた外海《そとみ》で人々に織物や素麺づくりなどの生きる技を教えたド・ロ神父の記念館を訪ねた話をすると、鹿野は、外海の隠れキリシタンの歴史を語ってくれました。さらに、北九州の地が、古来から朝鮮・中国と深いかかわりをもち、その史跡が離島や旧街道に残っていることも、興味深いエピソードとともに語ってくれました。

やがて、人々の生き方の論議から教育へと話題は発展し、優秀とされる高校生が有名大学に進学するが、入学後に人生の目的が不明となり「心の空洞化」を感じる者が多々いること、そうした高校生に生きがいをもたせるために鹿野が行ってきた、離島の医療現場に連れて行くなどのさまざまな手立てについて、具体的な事例を紹介しつつ語ってくれました。こうした話に誘発され、青少年に、発達段階に応じた、自己の人間としての基盤を広げる体験をさせることの重要性についても語り合いました。対話の最後に、「学習に対話を持ち込むことの意義は、多様な思考・感覚に出合い、人としての生き方や見方・考え方を広げ、深めることにある」とのことで共感し合いました。

浅い対話と深い対話の比較

	浅い対話 (shallow dialogue)	深い対話 (deep dialogue)
主目的 (primary purpose)	情報の共有 (sharing of information) 指示伝達 (instructions and giving messages)	英知の出し合いによる共創 (invention by sharing wisdom)
雰囲気 (atmosphere)	権力構造の支配 (power structure)	受容的 (accepting atmosphere) 知的興奮 (intellectual excitement)
状況 (style)	儀礼的・保身的発言 (formal / self-protective speech)	自由闊達な意見 (free and vigorous discussion)
自由度 (degree of freedom)	閉鎖的 (closed and exclusive) パターン化 (conventional)	開明的 (open and inclusive) 多様の尊重 (respect for diversity) 異質の容認 (acceptance of differences)
人間関係 (human relationship)	皮相的 (superficial)	相互理解の深化 (deepening of mutual understanding) 親和感の醸成 (fostering of affinity)

鹿野との対話は、次々と論議が発展する知的爆発、そして自分の見方や考え方が変化したり広げられる知的化学変化、また語り合うことによって共感したり、新たな高みに至る知的共創が次々と起こる「深い対話」の時空の共有でした。

授業をしていて、あるいは会議をする中で、また二人での話し合いであっても、浅い対話から深い対話に入り込めたと思える「時」があります。それは、どのようなことがそうさせるのでしょうか。本書で追究したい「謎解き」です。

次項では、心情面、技能面、雰囲気づくりの三つの視点からこの謎解きを試みます。

対話しているかのようにみえる饒舌な二人が、実は独白を交換しているだけだということがよくある。結局のところ、自分のなかですでに出来上がった物語を交互に語っているだけで、関心があるのは自分であって相手ではなく、自分を語るために相手に向かって（しかし実は自分自身に向かって）語っている。（吉田敦彦『ブーバーの対話論とホリスティック教育』勁草書房 二〇〇七年 六四頁）

（会話とは）機智に富むものでなくてはなりません。それは軽やかに、また優雅に流れてゆかなくてはならず、いっさいのより深い問いはただ仄めかしに留まるのです。（中略）いっさいのことは洗練された（上品な）表面にとどまるのです。真の対話においては、人間をその最内奥において動かすものが話題になるのです。真の対話のなかで真の内省の問いが口を開くのです。それゆえ、困難になると容易に一つの問題から他の問題へと移行することによって、問題を巧みにかわすことは許されません。真の対話は、その対象に頑として留まらなくてはなりません。それは真剣に、また頑強に、問いが投げかける疑わしさを耐え、こうしてその深部に迫るのでなくてはなりません。（O・F・ボルノー著 森田孝／大塚恵一訳『問いへの教育』川島書店 二〇〇一年 一九〇〜一九一頁）

■新たな知恵や価値の共創

「深い対話」とは、知的爆発、知的化学変化が起こり、そこから新たな知恵や価値が共創されていく対話です。こうした「深い対話」を活用した事例として、「持続発展のための教育（ESD）の理念にもとづく学校づくり」に取り組んできた、奈良教育大学附属中学校の実践を紹介しましょう。

同校では、年度の取り組みを「教科・領域の協働、教師と生徒の協働、生徒と生徒の協働の学びの構築（協働しないとできない学びに取り組む）」と設定した上で次のような学習プロセスを設定し、対話を活用した実践を展開してきました。

学習内容では、教科や領域の連携や統合を通して
学習方法では、子ども相互の対話や協働作業を通して
【学びの場面に協働を創り出し】
↓
互いの意見や考え方、研究成果を対話により共有する
【互恵】

自分の意見や考え、価値観を仲間と比べて相対化し、より深く考えることによって、新たな視点を獲得し、新しい考えや価値観、方法を仲間と共に創り出す

←【共創】

仲間と対話し、共に学び合うことの喜びを実感し、自己の変容に気づく

←【自己理解】

←こうした取り組みによって、教師と生徒が協働し学びをつくる

〈主な学校全体での活動〉

第二次世界大戦中の沖縄についての調査をもとにした「平和の集い」

中庭を子どもの発想によりビオトープにした「中庭プロジェクト」

奈良のユネスコスクールとのネットワークの形成「奈良子ども会議の開催」

〈授業実践例（中学校三年生　総合的な学習の時間）〉

課題「平和な世界をつくるためにできること」

グループに分かれて順次、次の活動を行った。

①自分ができることを考え、付箋にキーワードで書く
②模造紙にキーワードを書いた付箋をできるだけ多く貼り付ける
③キーワードを、関連を考えながら三つに分類する
④付け足しをする
⑤三つの視点について、相互の関連を考えながらポストタワー（三角柱）を作成する。ポストタワーの上部に、円柱形の帽子（紙）をかぶせ、そこに、全体を通したキーワードを記す

筆者はここ数年、折にふれ、奈良教育大学附属中学校の研究に参加し、授業を参観してきました。この学校では、学校行事や日常の学習のさまざまな場面で、対話が活用されていました。授業実践例の「平和な世界をつくるためにできること」の学習では、③の活動で、さまざまな分類法が検討されて、各チームが独自の分け方をし、色や図などを工夫して表現していました。⑤の全体を統合するキーワードについては、一人ひとりがさまざまな角度から考えを出し、みんなで討議し、やがて、一つのキーワードに集約されていきました。

奈良教育大学附属中学校では、学習方法についての方針を明確にし、学習プロセスを設定しました。この方針とプロセスの明確さが根底にあることで、知的爆発、知的化学変化が起こり、そこから新たな知恵や価値が共創されていく対話がもたらされているのでした。

2 対話力向上のために

前項で、「深い対話」をするためには、心理面、技能面、雰囲気が重要だと指摘しました。本項では、この三点について見解を述べていきます。

■子どもたちはなぜ沈黙するのか

授業中、子どもたちはなぜ沈黙するのでしょうか。その要因は、間違いなく他者の目への怯えです。また、失敗への恐れもあるでしょう。こうした子どもたちに対話の楽しさを体得させるための手立てについて、これまでの実践経験から記します。

もっとも重要なことは、子どもたちから、恐れや不安感を取り除くために、教師が意義を説明することです。自分の意見をもつこと、それを勇気を出して発表する大切さ、誰でも失敗するのであり失敗を恐れなくていいこと、むしろ失敗が成長の基となること、他の人と異なった意見を出すことに不安があっても、それはみんなの対話を充実させること、等々です。教師は子どもたちから不安を取り除くために、不安の要因を推察して、こうしたことを語る必要があります。

グループ編成・人数の工夫などの環境設定とともに、ときにはそれ以上に、聴くこと、多様な意見が出ること、批判されることのよさを、子どもたち全員に伝えることが重要なのです。

成功体験こそ、不安を払拭します。全体の場で最初に発言した子にはそのこと自体をほめる、他者と異なる意見や感覚を出した子にはその視点のよさを認める、相手の意見に疑問や批判をした子がいることが論議を発展させていくことに気づかせる、等々、些細な行為の大きな意味を教師が捉え、全体の場でそのよさを認め広げる行為が、一人また一人と、不安から表現の喜びに転じていく子どもたちを育てていくのです。

「握手をする」「質問し合う」といったアクティビティは、構えをとるのに効果的です。筆者も、こうしたスキルをこれまで数多く開発してきました。しかし、より根源的な子どもたちの心情に対応していかなければスキルの効果も広がらないし、学び手の心情への響感がなければ手法は教育効果を高めない、と自省しているのです。

恐れを払拭する――このための効果的手立てに、「共生体験」があります。人とかかわり、協働する体験です。こうした「かかわる体験」を日常活動の中で豊富に設定することで、人とかかわることへの前向きな心情を培い、それが対話への意欲も高めていきます。

人は、「他者とのかかわりによって成長する生物」です。対話指導は、人間形成に深くかかわります。人は、他者と出会い、さまざまな刺激を受け、戸惑い、思いまどい、また協働・共創する体験の継続により、自己成長していくのです。

対話への前向きな姿勢をつくる、その事始めは、対話の以前に、他者への関心をもたせることにあります。当初は、他者への感情は必ずしも肯定的なものではないかもしれません。不信感や不安感が勝っている場合もあるでしょう。この状況をなんとか打破させることです。そのための小さな一歩は、勇気をもって「踏み出す」ことではないかと考えます。少し不安だけれど、とりあえず話してみる、いっしょに活動してみるという意識をもたせることです。

教師の役割は、その踏み出す背中をそっと押してやり、あるいは心理的な重圧のない自然な対話や協働体験の機会を設けてやることではないでしょうか。少し不安だったけれど語り合ったら楽しかった、いっしょに活動したらよい友達になった、その体験が対話への前向きな姿勢を培っていくのです。過剰なほどに「他者の目」を意識し、「疎外に怯える」傾向がある現代の子どもたちには、このことがきわめて重要だと思っています。

■技能習得のためのスモールステップスがもたらす効果

子どもたちが対話に苦手意識をもつその大きな要因の一つは、「どう発言したらよいか分からない」「どのように説明したらよいかよく分からない」という、対話の技能にかかわることです。

対話力を高めるためには、コミュニケーションスキルの習得が効果的です。たとえば、筆者は「聴く」を積極的行為として捉え、その機能を「①正確に聴く、②励ましながら聴く、③要約しつつ聴く、④批判しながら聴く、⑤質問する（相手の伝えたいことを引き出しながら聴く）、⑥自分の意見を再組織化しながら聴く、⑦いっしょに新しいものを共創しつつ聴く」と大別しています。

これらをさらに分析し、「質問する」を例にとると、①質問内容を明確にする。②形式的に一回でなく、納得できないときや疑問があるときは次々と質問ができる。③回答を真摯に誠意をもって聴く。④共感したり、同意したり、補足したりしつつ、相手の本当に言いたいことを引き出す努力をする。⑤新たな視点を示したり、自分なりの提言をするなど、質問により論議が深まり、広まっていくよう努める。――こうした「質問力」を高めることが必要と考えています。これらを系統的に順次、習得させることが対話力を高める基礎力を形成していきます。

「話す（スピーチ）」「対話する」についても、系統的にスモールステップスでスキルを習得させていくことが、やがて対話の基礎的技能を高めていきます（「話す」「聴く」「対話する」に関するスキルについては、拙著『対話力を育てる』（教育出版　二〇〇六年）に詳記してありますので、参照ください）。

筆者は、対話スキルには二種類あると考えています。「儀礼的スキル」と「対人的能力を高めるスキル」です。「儀礼的スキル」とは、店舗での接客における「ありがとうございました」の声、角度を決めたお辞儀の仕方、就職試験に向けた定型の対応等々がその例です。今、書店にはコミュニケーション関係の本が大量に並べられていますが、その多くが「儀礼的スキル」の手引書と感じます。

「対人関係を高めるスキル」とは、単なるハウツーやパターン化した対応ではなく、相手を尊重し、相互理解を深め、信頼感を醸成することを加味したスキルです。

筆者は豪州アデレードのユネスコの会議に参加し、「平和をもたらす教育とは」とのテーマで基調提案したことがありました。苦手な英語で二〇分の提案をやっと終え、安堵していると、次次と質問が飛んできました。どうにか答えても、納得できないとさらに質問が来ます。「日本人の第二次世界大戦中の戦争責任についてどう思うか」との質問には、自説を述べつつ、冷や汗を浮かべました。

翌年は、豪州ブリズベーンのユネスコの国際会議に参加しました。この会議では、二日目に参加者全員が一〇名ほどのグループに分かれ、「宗教間の対立をどう克服するか」との共通テーマで論議したのですが、提案者に難しい質問をしたり、提案に異議を唱えたり、論理の矛盾を指摘したり、自己の意見を発表したりする人々が多いのに驚き、また感心しました。日本の会議で結論の決まった形式的な進行を見慣れていましたので、たいへん新鮮に感じました。激しいやりとりをしたのに、事後の懇親会ではじつに親しそうに話しているのを見て、まさに「クリティカルシンキング（批判的思考）」の現場を見聞した思いでした。

ユネスコの国際会議でのやりとりは、いささか厳しく感じた体験でしたが、「相手を尊重する」ことの意味を広げる機会となりました。「次々と質問する」ことや「相手の伝えたかったことを批判したり、異議を出したりする」ことは、話者の語ることを誠実に受け止め、聴き取ろうとする姿勢をもつからこそできることなのです。

「対人関係を高めるスキル」とは、相手の立場や心情を感知することを意識したスキルです。しかしそれは、ときには、真摯に対応することによる厳しさも包含するのです。受け手のほうも、「意見や批判に傷つくことなく、むしろそれを生かし、ときには激しく衝突し、批判し合いながらも、それらを乗り越えて、良好で創造的な人間関係を形成していく契機とする気構え」が必要なのです。

技術論を軽視する親の中には「愛がすべてである」と信じている人がいる。愛という感情がいくらあっても愛を伝える技術が下手なら、子どもは親に愛してもらったとは思わない。しかし愛（感情）がないのに技術だけで愛があるかのごとく思わせるのは無理がある。

（国分康孝『〈自己発見〉の心理学』講談社　二〇〇七年　八三頁）

ゆっくり話せば、言葉が明瞭になるし、理路整然と感じられる。口調も心地よく、好ましくなる。

そして、微笑みかければ、温かさ、好意、歓迎の気持ちが伝わる。聴衆はくつろぎ、あなたのメッセージをいっそうよく聞き入れてくれる。

（ブライアン・トレーシー著 門田美鈴訳『話し方入門』日本実業出版社 二〇〇八年 一八頁）

■対話づくりは雰囲気づくり

対話で決定的に大事なのは、雰囲気づくりです。上下関係が強く緊張したり、失敗が許されない堅苦しい雰囲気の中では、萎縮し、無難な発言にとどまり、自由に語れません。一方、受容的で開放的な雰囲気があると、笑いが起こり、自由闊達な発言があり、批判や質問も出て、論議が拡充し、「深い対話」になってくるものです。

雰囲気づくりを具体的にする要素としては、物的環境設定があります。机の配置、場所、相手との距離や位置関係、ＢＧＭの有無、グループの人数、服装等々が、環境設定の具体化です。たとえば、グループの話し合いで、グループの人数が四人の場合と六人の場合とでは、まったく個人の発言量が違っていました。四人だとどの子も発言するのに、六人になると語らない子が出てきてしまうのです。環境設定についての教師の小さな工夫が、じつは大きな効果をもたらすことも多いのです。

受容的・共創的な雰囲気をつくるためには、次のようなことが必要です。

第一に、多様なものを認め活用する「多様性の尊重」、第二は、自分とは異なるものを排除せず、完全な一致はできなくても受け入れようとする「寛容性」、第三に、勇気をもって自分を表現する、知的好奇心を高めチャレンジする「開放性」、第四に、相手の立場や心情を推察したり感得したりできる「推察・イメージ・響感力」、第五に、変化を前向きに捉え、臨機応変に対応し、その過程で自己変革していける「順応性、柔軟性、変化への対応力」です。

筆者は、「知的好奇心」と「吸収力」が受容的・共創的な雰囲気づくりに関与し、「深い対話」をもたらすとも考えています。他者の語るさまざまな考え方や情報・知識などに興味をもち、質問し、追究していく——こうした姿勢が参加者たちに、広い知的世界を共に巡礼する快感をもたらします。また、どのような人からも、たとえば年齢が低い人からでも自分を広める知見を吸収していこうとする姿勢が、論議を深め、知的世界を広げます。

こうした資質・能力を、さまざまな機会を捉え、日常から意図的に高めておく必要があります。また、対話をする際に大切なこととして、こうしたことを適時、子どもたちに伝えておくと、受容的・共創的な雰囲気が少しずつ醸成されていきます。

空間の変化は、コミュニケイションにある調子を与え、それを強め、ときにことばを圧倒することさえある。人間が相互に作用するさいの間隔の移動の変化は、コミュニケイションの過程の核心をなすものである。

（エドワード・T・ホール著 国弘正雄／長井善見／斎藤美津子訳『沈黙のことば』南雲堂 二〇〇六年 一三一頁）

雰囲気づくりの上で見逃せないのが、目立たないけれど重要な役割を担う、「そこはかとない配慮者」の存在です。このことを筆者は、海外で多様な人々と旅したときに実感しました。

筆者は、その生き方と人柄に共感してきた植村直己が姿を消した山、マッキンリーを見たいと思い続けてきました。二〇〇七年初秋、ようやく念願がかない、アラスカを旅することができました。

デナリ国立公園内を走行する専用バスに乗り込みました。やがて、高台の休憩地に停まり、下車しました。ガイドの指さす方向を見ると、奇跡のように雲が切れ、その山、マッキンリー（ネイティブの呼び名でデナリ――「偉大なるもの」の意）山を見ることができました。

このアラスカへの旅は、会話が人間関係をつくるのに有用な手立てであることを、あらためて感得させられた機会でした。デナリへの旅行者は、自然保護のため専用のシャトルバスに乗り、奥地のロッジまで運ばれます。このため、バスで同行した人々が三～四日の行程を共にします。夕食時には八～一〇人が相席となります。二時間近くにもなるこの食事の時間では、会話が重要でした。

筆者は、アラスカに住む若い夫婦、豪州の会社経営者夫妻、米国人で日本語学校を経営する夫妻、ニューヨークから来た新婚の二人と同席しました。毎回の食事を楽しみながら、このグループでの会話の基調に、次の点があることに気づかされました。

・全員が会話に参加できるように、それとなく話題を振る気配りが共有されていた。
・話し手は、聴いている人が興味をもち楽しめるエピソード（事例）を語る。
・話の中に、ユーモアを挿入する。事実、二時間近くの会話は笑いの連続であった。
・ただ聴いているだけでなく、全員がなんらかの話題を提供し、参加していた。

筆者がとくに感心したのは、参加者全員が話せるようにする「気配り」でした。遠慮がちな若者に「今年のニューヨークヤンキース」の話題を振ったり、「日本の犬について教えてくれ」と筆者に発言の機会を与えたりしてくれるのです。

日常生活での話し合いの場面で、参加者が心地よく語っているとき、ふと観察すると、さりげなく、みんなが語れるように配慮している人がいることがあります。

自由に語る会話では、もちろんですが、目的をもった話し合いである対話では、こうした「そこはかとない配慮者」が、雰囲気づくりに重要な役割を果たします。対話指導の視点からは、こうした役割ができる子どもを育てることも大切です。グループの中心となる子どもに、「みんなが話し、よい論議ができるように、少し工夫してくれる?」と言っておくと、その子なりに配慮をしてくれ、それがその子に対話の意味を感得させる機会ともなるのです。

■対話機会の設定と成功体験――教師のコメント力

学生たちと接していて痛感するのは、「ほめられていない」ことです。いつも態度のよくない学生に何かの折に傍に行って話しかけ、よい点をほめると、意外なほどうれしそうな表情をします。

対話力を高めるのに、「聴く・話す・対話する」のスキルを習得させる大切さを前述しました。また、スモールステップスの重要性についても指摘しました。この小さな階段を上らせるために必要なのが、「成功体験」です。教師の励まし、評価、期待感などを示す「コメント（賞賛のことば）」を言ってあげることが肝要なのです。そうしたコメントが子どもたちに成就感をもたせ、自信を喚起し、次のステップへの意欲を高めるのです。

コメント（賞賛のことば）を子どもに言うときの留意事項を、まとめてみましょう。

- ・「よかった」「がんばった」などを形式的に言うのでは、子どもの心に届かない。教師は本気で子どものよさをほめることばを伝える。コメントする場面や口調、表情などにも配慮する。
- ・子どもたちが努力したり、工夫したり、勇気を出して表現したことを鋭敏に把握し、具体的なよさを伝えて賞賛する。
・ほめるだけではなく、質問して引き出したり、詳しく説明するようにさせたりする。こうした対応も、教師が子どもの発言を認め、きちんと受け止めていることを知らせるメッセージとなる。
・子どもたち同士では気づかない独自の視点や斬新な感覚を発見し、みんなに知らせ、話し合いが広がったり、深まったりするようなコメントを心がける。
・子どもたちの個性や発達段階に応じた賞賛の仕方に配慮する。みんなの前だけでなく、授業後に伝える、机間巡視しつつ肩をそっとたたく、他の先生のほめことばを伝える、などの多様な方法を工夫する。
・子ども同士のコメント力を高める。どこがよかったか、あるいは「○○さんの意見を聴いて自分はどんな考えをもったか」などを、お互いにコメントできるようにする。具体的な活動として、「友達のよいところを一○見つける」「○○さんの意見で気づいたこと、知ったことなどを書かせる」活動なども効果的である。

二〇一一年一月、コメント力の白眉ともいうべき高度なコメントが駆使された論議を視聴しました。ハーバード大学のマイケル・サンデル教授が、東京大学の安田講堂で学生を中心とした千人と論議した「ハーバード白熱教室 in 東京大学」でした。教授は随所で的確なコメントを出し、論議を深めていました。

たとえば、「道徳的責任は世代を超えて負うべきだろうか」を基本のテーマとし、「日本人の前の世代が一九三〇～四〇年代に犯した罪に対して、謝罪は必要なのか」との問題を話し合う場面では、さまざまな発言者の見解について、確認→補説の要求→反対意見の指名→自身が解説する→新たな問いかけをする→視点を明確にして反論を促す→自身が補説をして発言者の意図を明確にする→新たな視点を提示して「どう思うか」と問いかける→論議を発展させるため多様な意見を促す→発言者に次々に問いかけて真意を明らかにする。→「オバマ大統領は原爆投下について謝罪すべきか」との問いを発して論議をさらに深めていく、などの多様・多彩なコメントを発していました。

白熱した論議の深まりは、教授の臨機応変にして多様・多彩なコメントによるものでした。こうした見事なコメントが出せるのは、間違いなく政治哲学者サンデル教授の課題に対する知見の広さ、学識の深さによるものと感じました。と同時に、サンデル教授の論議技能の高さが、白熱した議論を生起させているとも思えました。論議の流れに対応し、意図的に視点を広げ、曖昧さには切り込み、また論議を深め、本質を追求するためのコメントを次々と発していました。言葉だけでなく、相手を見つめる視線、姿勢、手の動き、立つ位置、ユーモアの挿入などにも、聴き手を引き込む技能が見てとれました。

3 対話力の基盤づくり

筆者は子どもたちの対話力向上をめざし、さまざまな実践研究を継続してきましたが「スキルの効果と限界」を感じました。対話スキルの習得は、対話力の向上に不可欠です。しかし、子どもたちが自信をもち、心を開き、対話する力を高めるためには、対話の基盤となることを鍛えたり、耕したりする必要があると考えています。

■声に出すトレーニング

声に出すことは、対話力向上の基盤づくりとなります。このことを確認したく、足利市の教育委員会を訪ねました。

日本最古の学校「足利学校」のある足利市では、『論語』の素読を教育活動に取り入れています。平成一九年度から、市内の全小・中学校三三校の小学校四年生、中学校一年生が年一回、足利学校の方丈で『かなろんご』『論語抄』をテキストに講師の範読の後に素読する活動が開始されました。平成二二年度からは各学校においても、「『論語』に親しむ」とのねらいで素読が導入されました。論語の素読の日常化が始まったのです。各学校では、朝の会、帰りの会などで実施し、また強化週間・月間を設置するなど、さまざまな素読機会を設けています。

足利市教育委員会の担当指導主事である新井啓永・関根景子両先生によると、各学校から寄せられた成果は、次のように集約されるということです。

- 『論語』の素読により、関心をもち、もっと『論語』について知りたいと調べ始めた子どもが出てきた。
- 三〇秒程度で読める短い文章だが、声に出し、それを暗唱できたことにより自信がつき、物怖じしなくなってきた。
- グループやクラス全体で『論語』を群読することにより、仲間といっしょに活動をする楽しさが実感でき、仲良くなってきた。また、仲間を意識し、気遣う響感力が高まってきた。

「素読」――この日本の伝統的な発声による学習方法は、「声に出す」ことにより、学習意欲の向上、自己肯定感、協調力などをも育む効果があったのです。

対話力向上のための基礎力育成をめざし、名作の朗読や暗唱に取り組んでいるのは、島根県の小学校教師・荒川仁美先生です。荒川先生は、そのために名作の抜粋を集め、冊子としました。対話力を高めるためには、「まず声を出すこと」「相手に伝わる音声の感覚を高めること」が必要と考え、日常的に音読や朗読の機会をつくりました。一人で読む、群読する、役割分担して読むなどのさまざまな工夫をして、子どもたちが名作を声に出して読むことの楽しさを感じ取りながら、聴き手を意識した音声言語表現力を高めていきました。

■観察力・洞察力を習得する

事象をしっかり見つめ、見取る力や、物事の本質を洞察する力は、論議を深め、「深い対話」をもたらします。筆者は、こうした観察力・洞察力を意図的に高めていくことに取り組んできました。

実践例を示しますと、「友達のよいところを一〇見つけよう」「一本の木をみんなで観察して、それを詩に書いてみよう」「学校に来る道でふだんはなにげなく見ていたものなのに、よく観ると気づいたり発見することがあったということを報告し合おう」といった活動です。

また、あたりまえのように言われることも、よく考えてみると別の見方もできることに気づかせ、そうした見方・考え方を培うトレーニングもしています。その例を次に示します。

課題について、学生に反論を書かせた活動です。

課題：日本人は、イエス・ノーをはっきり言わない。このことは日本人の国際性のなさを如実に表している。このことについて反論を書きなさい。

○学生の記述例

●「日本人があいまいでイエス・ノーをはっきり言わないと言われる理由の一つに、私は日本語表現の豊かさがあると思う。例えば、「若干」という言葉であり、「結構」「まあまあ」など、どちらか一方にはっきりするのではなく、どっちつかずととらえられる表現方法が多い。それに比べ英語は、イエス・ノーがはっきりした言葉がほとんどだと思う。逆に、この日本人の感情の豊かさは諸外国にはない日本独特の文化であり、誇りを持ってよいと私は考える」

●「今、日本人のあいまいな返答をする行為によって日本人の国際性のなさが課題となっている。確かにこの様子をみると、『自身の意志はないのか』と思うであろう。今の政府の対応（領土問題に対する意見）はそう思われても仕方がないであろう。しかし私は、やはりこのような行為は『他国にはない日本人らしさ』であり、また『気づかい』でもあると思う。日本人は『意見の主張』よりも『総合的に見て解釈し、考える』という役割が合っている。この行為は『日本人なりの国際性への歩み』であると考えられる」

こうした反論の文章を互いに読み合うと、一つの事象についてもよく考えると多様な見方ができ、本質が見えてくることに気づかせることができます。

■見方・考え方を広め、深める

見方や考え方を広め、深めるトレーニングをすることも、対話力の基盤形成の上で重要です。そのための直接的な方法の一つは、定められた形式で書き込む方法です。たとえば、「環境問題への取り組みについて『個人』『学校』『社会』の枠を作り、書き込ませる」「二重の円をつくり、三分割し、制服着用について『賛成』『反対』『第三の意見』とその理由を書き込む」といった方式です。また、「ボランティアの概念について全員に付箋に書かせ、それを集めて分類する」といった方法もあります。

とかく、ものの見方が狭く、二分法になりがちな現代の子どもたちには、多角的・多層的な見方を、スキルによって意図的に習得させることも必要なのです。

本格的に見方・考え方を広め、深める学習方法としては、「書く」活動が効果的です。書くことの意味は、「書くことによって自分を創り出す」「本当の自分を創っていく」ことにあります。また、読み手を意識して書くことは、論理力・分析力を養うことにつながります。

それはまた、自己のふだん表に出せない埋もれた感覚・意見を表明できる機会を得ることであり、自分自身でも気づかなかった「拡大された自分」「違った自分」を自覚する機会ともなります。

書くことは「自分の力で自分の世界を創り上げること」であり、自分のものの見方・考え方を広め、深めることなのです。それは、論理的に思考し、それを発表して人と対話する力の基盤を形成していくことにつながります。

こうした「書く」ことのよさを生かした学習活動として、筆者が学生に取り組ませているのが、レポートの作成です。レポートの作成に当たっては、次の点をとくに重視して指導しておきます。

・情報や知識、ものごとの状況を書いただけではアピールできない。
・独自の視点を入れたり、事実を鋭く分析したり、事象の本質を洞察すること。

執筆前にはレポート構成用紙に概要を記入させ、個別面談します。とくにオリジナリティを重視した助言をします。

学生の記したレポートの題名を例示します。

・「絵画の魅力と私の見方」
・「『いきものがかり』大研究」
・「六〇坪の公園から見えたもの」
・「ココ・シャネルの人生と現代への影響」
・「『西遊記』について本気で考える」
・「プルトラの曲についての考察」
・「自分とは何か」
・「携帯電話を五日間手放す実験」
・「中央線カルチャーの分析」
・「生きものとしてのディズニーランド」

題名からだけでも、それぞれが独自の視点を出そうとしているのが分かっていただけると思います。

対話力の基盤形成に「体験」が有用なことは、前述しました。「声に出す」「見方・考え方を習得させる」「深い洞察の意味に気づかせる」――こうした意図的な取り組みを日常的に、少しずつでも継続することが、「深い対話」ができる基となっていくのです。

4　共創型対話を支える「浮遊型思索の時間」と「響感・イメージ力」

通じ合い、響き合い、共に創り合う、深い対話力を高めるための方途について述べてきました。本項では、二十余年にわたる対話実践研究でたどりついた、対話において筆者がきわめて重要と考える「浮遊型思索の時間（suspensive contemplation）」と「響感・イメージ力（empathetic & inferential abilities）」について、私見を述べます。

自己と異なる価値観・思惟方式・行動様式をもつ人々とともに、対立や摩擦を乗り越え二一世紀の市民社会を構築するためには、一方的表象による他者認識、同化・差別・排除の構造、一元化された多文化認識、相互理解の難しい他者の回避を打破し、むしろ他者の眼差しを生かし、多様な視野、複眼的思考をもつことが必須です。

相互理解の難しい他者との対話についても、自己の芯はしっかりもちつつ、相手が伝えたいことの本質を把握するため、多様な角度からの検討、相手の立場の推察などが、少しでも理解を深め、またその姿勢が相互信頼を醸成していきます。

多様な角度からの検討、相手の立場の推察などは、即時にはできません。思いを巡らし、推察していくための「時」が必要であり、また微妙な言動からでも相手の伝えたいことを感知する力を高めておくことが大切です。筆者は自由に思いを巡らす時間を「浮遊型思索の時間」、相手の伝えたいことを感知する力を「響感・イメージ力」と名づけ、多文化共生社会における共創型対話を充実させる基盤と位置づけました。

■「浮遊型思索の時間」

思索とは、自分に向かって問いかけること、自分の内部にあるものを掘り起こし、自分の中の貴重なもの・美しいものを掘り当てることです。また、思索は他者が伝えてくるものを受け止め、消化し、自分のものにし、再組織する行為でもあります。「浮遊型思索の時間」とは、自分に問いかけつつ自由に思いを巡らす時間です。

○「浮遊型思索の時間」の保障の効果

思索の原点である「問い」には、「知識・情報を求める問い」と「内省的な問い」があるといえます。前者により、自分の知識・情報を拡大することができ、自己の知的世界を拡張するという可能性を獲得できます。後者により、自己を振り返り、思考を深め、視野を広め、自己を変革・成長させていくことができるのです。「知識・情報を求める問い」は他者への問いとなり、「対話」に導きますが、次には「対話」が「問い」を生み出します。問いと対話は循環を継続しつつ、新たな地平を切り拓いていくのです。

一方、「内省の問い」は「孤独と省察」を余儀なくします。自由な思索の時空の中で、自己に問い続け、そのプロセスを経て、本当の自分の思いを明らかにしていきます。「浮遊型思索」とは「内省の問い」ともいえます。

「浮遊型思索の時間」とは、現象としては、沈黙・瞑想・孤独、場合によっては「書く」時間でもあります。その時間帯には葛藤し、悩み、戸惑いが生起し、混沌が支配することもあるでしょう。やがて、その時点での自分なりの考えや感想がまとまっていく、つまり「混沌から創発に至る」――こうして漂うように思考・感情が揺れ動き、思索が浮遊する時間を保障することによって、深い考察、多様な視野からの熟慮ができ、「納得できる自分の見解」をまとめることができるのです。

「浮遊型思索」の要諦を、次に収斂してみました。

・思いにひたり、思いを巡らす時間、漂う不安感と精神的自由の享受。
・自己の内部にあるものを掘り起こし、心に生じることを明確にしていく時間。
・他者が伝えてくる多様なものを受け止め、組み合わせたり、また統合したりして、消化し、自分のものにし、自己見解を再組織する時間。
・身体感覚・五感を通して得たものを言語化する時間、身体性や実感を伴わない言葉は、意味は通じても説得力をもたない。
・うまく言語化できないものを見守り、新しい言葉が生まれてくるのを待つ時間。
・微かな表現、わずかな表現から、他者の伝えたいことについて感じ取り、推察する時間。
・混沌・混迷を経て、納得できる自己見解の創発に向かう時間。
・悩み、戸惑い、不安になる、そうした心理的揺らぎを、むしろ楽しむ時間。

「浮遊型思索の時間」には、幅があります。授業中に三分間で考えをまとめさせるなどのほんの短い時間から、高い課題についての自己の見解を一週間後、一か月後に報告するなどの長い時間まで、思索を練る目的や事象により、さまざまな時間帯があります。

筆者が「浮遊型思索の時間」の必要を提言する心底には、学びに「時」の概念を持ち込む重要性を示したいとの思いがあります。学習場面で、拙速な回答を要求することが子どもたちの思考

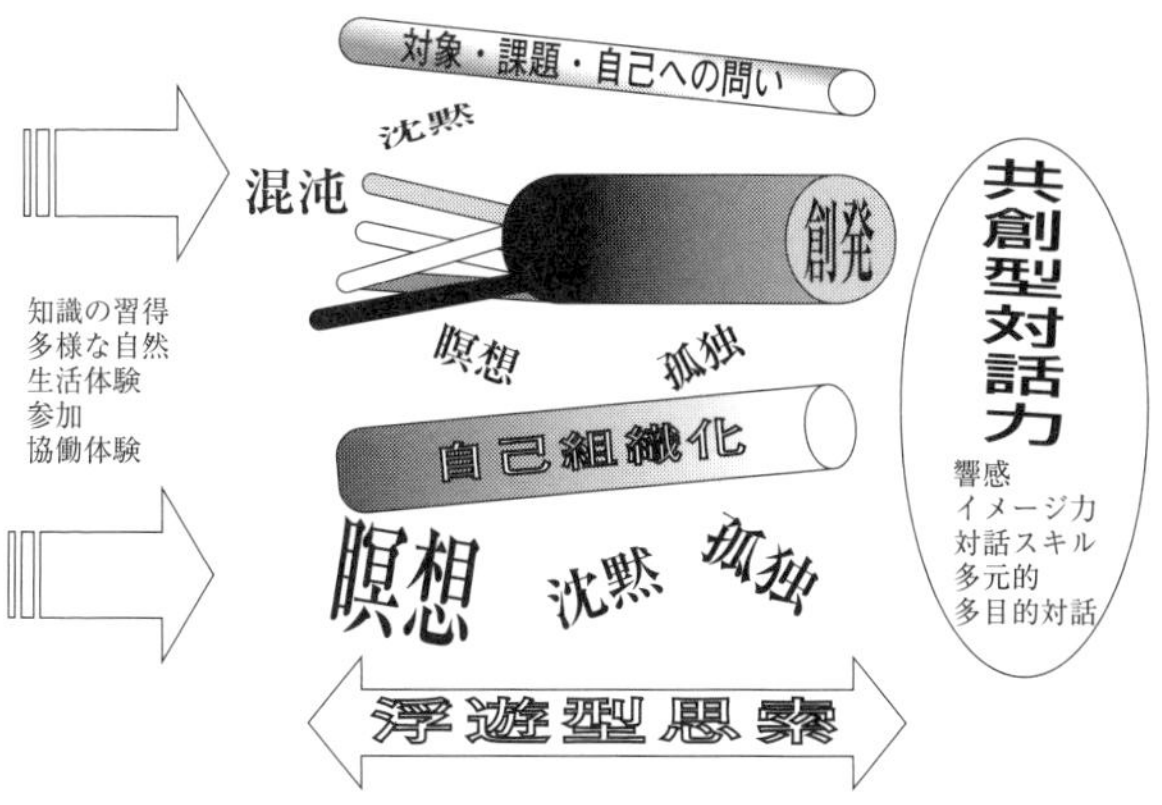

浮遊型思索概念図

を停止させ、あるいは思考そのものへの意欲を劣化させていると思えるからです。教師が思索の「時」を保障することの重要性に気づき、適時、効果的にその時間を設定することにより、子どもたちは知的世界を探究する楽しさを感得し、自己の見解をまとめることができ、それが対話への自信と意欲をも高めていくのです。

「浮遊型思索」における知識・情報の大切さについて付言しておきます。人が思いを巡らすとき、その有用なよりどころとなるのが、知識・情報です。たとえば、現代の事象の本質を問うとき、歴史的事実についての知識がヒントを与えてくれます。また、翻訳をする際、作者の意図をくみ取った適訳を模索しているとき、さまざまな知識や情報が道をひらいてくれます。そうした意味で、読書や対話などを通して、多様な知識・情報をもっていることは、「浮遊型思索」を充実させることにつながると考えています。

■「響感・イメージ力」

「響感・イメージ力」を高めるとは、人間のもつ根源的な感性を豊かにすることです。相手の伝えたいことに感応し、真意を洞察し、相手の立場や心情をイメージする力です。自己中心の思考や感覚に固執するのではなく、人間同士として共感したり、相手の立場に立って考え、感じたりする力ともいえます。「言葉の背景にある、伝えたくても言葉にできないもの」「微妙な身体動作に示されたもの」などに対する感覚を鋭敏にしておくこと、ことに、つらい立場、厳しい状況を推察しようとする姿勢をもつことによってこそ、相手が本当に伝えたいことを受け止めることができるのです。ときには「伝える」ことよりも「感じ取る」ことのほうが心の交流に大事なこともあるのです。

対話とは、伝え合うだけでなく、通じ合い、さらに響き合い、創り合う活動です。単に自説を述べるだけでなく、お互いに相手がそれなりに納得できる、理解できる、すなわち「通じ合える」ためには、自他共に相手の伝えたいことを感じ取ろうとする真摯な努力が必要です。相手の立場や文化的背景について、推察し、イメージすることにより、完全な理解や合意形成ができなくても、相手の思いに響感することはできる。この響き合いをお互いに感得できるとき、人間同士としての親和感、信頼感が育まれていくのです。

響き合える人に対すると人は心を開き、語る、そうした語り合いの中から、完全な一致は無理でも、新たな解決策や知恵を共に創る対話が生起してきます。このことを筆者は、さまざまな人々との対話体験から確信しています。

また響き合いは、生きる勇気を喚起することもあるのです。人は悲しみに打ちひしがれているとき、絶望の淵に立ったとき、たとえ、たった一人とでもつながっていると感じたとき、生きる勇気をもつことができるのではないでしょうか。そのつながりをもたらすのは、「響感・イメージ力」なのです。

鋭敏さとは、何かが起きていることを感じ取る能力だ。自分の反応の仕方や他人の反応の仕方を察知し、ごくわずかな相違点や類似点に気づくことである。こうした点をすべて感じ取るのが認識の基本なのだ。

鋭敏さの障害となっているものは、自分の想定や意見を守ろうとする行為である。

（デヴィット・ボーム著　金井真弓訳『ダイアローグ　対立から共生へ　議論から対話へ』ELJI PRESS 二〇一〇年　一〇二〜一〇三頁）

対話的なものの可能限度とは、感得の可能限度なのである。

（マルティン・ブーバー著 田口義弘訳『対話的原理』みすず書房 一九七三年 二〇二頁）

それでは、いかにしたら「響感・イメージ力」を高めることができるのでしょうか、具体的手立てを述べてみましょう。

○「揺さぶり」体験

知人の教師が送ってくれた次のメール文（抜粋）は、響感・イメージ力の育成における体験の重要性を示しています。

> 私は、小学校・中学校と、自分自身への自信のなさから、人とコミュニケーションをとるのが上手な子ではありませんでした。よくあるグループづくり、大嫌いでした。上手に声をかけあってグルーピングしていく友達を尻目に何もできず、いつでも最後に残ってしまうのが惨めで、保健室に逃げていました。また、授業中、「次の文章、読んで」と言われると緊張で手足がガクガク、声まで震えだすのです。常に自分に指名がまわってこないよう、祈るように通っていた学校生活でした。
>
> その後、いろいろな出会いや出来事があり、教師となりました。すると、クラスに必ずかつての自分自身を見つけます。胸が締め付けられるような気持ちになります。自分なりの感覚でそういう子に寄り添い、ちょっとした機会をとらえて自信をつけていってもらってきたように思います。か

って自分に自信をもつことができなかった屈辱感は、今では自分の大切な宝物で、持ち味だとも思っています。

メールの文章を繰り返し読み、子ども時代の体験が、教師として、子どもの心情を推察し、子どもの心に響く寄り添い方のできる原点となっていることに、共感しました。

体験は、「響感・イメージ力」を高める有用な活動です。しかし、1章でも述べたように、体験をさせさえすれば効果があがるというのは、錯覚です。子どもたちの実感・納得・本音は、ときとして一面的、浅い認識、自己中心的となりやすいのです。こうしたひとりよがりの実感・思考・本音自体を変えていき、新たな世界を発見する喜びを感得させるためには、頭の中の勉強だけではとうてい無理であり、「心の底からゆさぶられるような体験」が不可欠です。強烈なインパクトがある体験が固定観念や既成観念をひっくり返すことは、多々あります。

人とふれあう、事象に出合う、土や水、木々や小動物等に直接触れる――こうした現場性と身体性による体験活動が、感覚を研ぎ澄まし、イメージ力を高めていきます。

○表現・鑑賞活動

表現体験は、「響感・イメージ力」を高める有効な手立てです。このために筆者は、さまざまな活動（「『私』『学生』『人生』などの単語からイメージしたことを絵で描く絵文字作成」「事象を自分の言葉で説明する『私の言語辞典』」「心象の詩作」など）を創ってきました。その一例として以下に、①自分の辛いこと、やめたいこと、落ち込んでいること、②友達を励ます、③自分を励ます――の三つの目的で取り組んだ短歌づくりの活動で作られた、学生の作品を紹介します。

にぎりしめ　棘がくいこみ　なげつけた　手の平に残る　後悔の跡
「手を出して」　そこに重ねる　私の手　あなたの傷を　私にも
「ごめんなさい」　その一言が　第一歩　ふるえる足で　踏みだしていけ
階段の　あと一段が　上がれない　ピーターパンよ　私をさらって
泣かないで　世界で一番美しい　あなたの心を　救ってあげて
パパとママ　おじいちゃんに　おばあちゃん　お姉ちゃんも　そう、一人じゃない

短歌そのものの出来はともかくも、自分や他者の心情を思い浮かべ、作品に仕上げる過程で、感じる心や推察する力が少しずつ高まっていくと期待したのです。

鑑賞もまた、響感・イメージ力を高めます。下記は、読書と脳の発達の関連を論じたメアリアン・ウルフの名著『プルーストとイカ』（合同出版　二〇〇九年）の抜粋です。

・読み聞かせや朗読を聞き、また読書に親しんだ子どもは、やがて、その機会が少ない子に比して、高度な対話力・文章表現力をもつようになる。
・読む行為は、他人を理解する力を養い、他人の考え方を受け入れる能力の基礎を形成していく。また、物語の展開を読む体験を継続していくと、推論力が高まってくる。
・読む行為は、思考・感情などを司る脳の機能そのものを進歩・発展させていく。

読書は、知的世界を広げ、多様な見方・考え方の存在を知らせ、また人の心の機微を感得させます。劇、絵画、映画、テレビ、舞踊等の優れた演技や作品の鑑賞も同様です。いわば人間としての広義な教養を身につけることが、「響感・イメージ力」を高めるのです。

○「響感・イメージ力」を高めるための導き

ここで、「響感・イメージ力」を高めるための「導き」の必要を指摘しておきます。対話や考えることを「かったるい」「めんどくさい」と忌避し、皮相的にしか事象や人を見取れず、視野を広げること、他者への理解を深めること、悩み試行錯誤しつつ高みに至ることの喜びを知らない青少年が増加しているように思えます。こうした青少年の現状を直視するとき、説明・対話・師範などの先達による「導き」の必要を痛感します。

単に体験をさせるだけではなく体験の目的や意義をきちんと「説明」する、体験から感得できたことについて仲間と対話し、確認し広げる、あるいは教師や親が体験から得た視野の広がりやものの見方の深まり、感動などを語ったり、たとえば、朗読・詩作、辛い立場の人へのそこはかとない支援など、実際の行動で示したりする「師範」が必要なのです。

こうした意図的な「導き」により、青少年は、物事の本質を見通したり、多様な視点のあることに気がついたり、他者の些細な行為の底にある、気高い思いを感得できたりするようになるのではないでしょうか。

「響感・イメージ力」は本来、自己の内面から育ちゆくものであり、他者が強制したり、指導したりするものではないでしょう。しかし、「感動の仕方が分からない」、人間としての幅が狭く多層的・多元的な見方・感じ方ができない——このような青少年の現状をみるとき、「導き」の必要を痛感します。その導きが効果的であることも確かなのです。心すべきは、「導き」は自立へのプロセスであると承知しておくことです。当初は「導かれ」ていても、やがて覚醒し、青少年自身が主体的に「響感・イメージ力」という、人間の至高の精神的活動を高めていくようになります。このことは、多くの学生と交流してきた体験から、確信をもっていえます。

中学生女子ソフトボール部を全国優勝させた原動力「対話」

那須塩原市教育委員会指導主事の山本幸子先生は、金田南中学校の英語教諭時代、赤ちゃんを抱きながら二一人の部員をまとめ、女子ソフトボール部を全国優勝させた指導者でした。当時の部員が綴った冊子『神様からのご褒美―子連れ監督と二一人のかわいいゴキブリ達の物語』には、地方の中学生たちが、ときには落ち込み、悩み、そして監督の赤ちゃんを交代であやしながら練習に励み、やがて大半の試合が一点差の接戦でありながらも次々と制し、奇跡とも思える優勝を遂げるまでの物語が生き生きと描かれています。山本先生は、このチームが強くなっていくことができたその秘訣は、「対話」にあると語ってくれました。筆者の求めに応じて送ってくださった資料には、次の文章が書かれていました。

試合の後は輪になって、必ずその日の反省や感想をお互いに話させました。応援に来た親御さんがいれば、話し合いに一緒に入ってもらいました。運動部なのだから感想文や話し合いなど、ある意味無駄に思われるかもしれません。その分、技を磨く練習をした方が効率的かもしれません。しかし私は、「書く」ことや「話す」ことはそれ以上に子どもたちの心を育てるための大切な要素だと思っています。
冷静に自分を振り返り、うまくいかなかった原因を具体的に自分自身で分析・表現するには、相当の思考力が必要になります。一生懸命考えたこと（反省）を周囲に伝えることは、次回に対する自分自身と友人への誓いにもなります。周囲は仲間の声を聞くことで、痛みを共有すると共に、他者の失敗を我が身に重ね合わせることができ、思いを共感・共有しあうことで、より強固な関係性を構築していきます。そうした理由で、私は何事においてもふだんから子ども同士に話し合う場を与えることにしています。

それは、練習の内容であったり、人間関係の問題であったり、試合に向けての心構えであったりと内容はさまざまですが、どんなに困難で、みっともなくて恥ずかしいことであっても、目を背けずに正面から立ち向かわせます。不思議なもので、そうした日々の活動の積み重ねは子どもたちの心を耕し、鍛えてくれます。試合で技術が拮抗したとき、勝敗を分けるのは精神力だと私は考えています。しかしながら、単に罵倒に耐えうる心の強さだけでは乗り越えられない場合もあります。自分の失敗や弱さや醜さから逃げずに対峙し続けたことで培われた「真の強さ」は、いかなる窮地においても子どもたちをしっかり支えてくれると感じています。

この章の最後に、日本型表現の特質とグローバル時代の対話との調和について、述べておきます。日本型表現の特質として、婉曲な表現、言外の意味の重視などが指摘されます。日本と英語圏とのコミュニケーションスタイルの違いとして、螺旋的と直線的（ストレートに言いたいことを表現する）、飛び石的と石畳的（論理や事実の積み上げ）、人間関係重視と情報重視が指摘されています。このような特質からか、日本人の表現は曖昧でよく分からないとか、真意が分からないと、外国の人々から指摘されることがあります。一方、欧米人や中国人・韓国人のはっきりしたもの言いに、日本人は戸惑ってしまいます。

筆者の六年余にわたる海外生活や国際社会における対話体験から言えることは、日本人の節度・節制、謙虚さなどの特質は、好意的に受け止められ、信頼を得ることも多いということです。また、他者への配慮を重視する文化は、日本以外にもあるのです。

相手との対立を避け、相手の顔を立てながら、こちらの気持ちをほのめかす婉曲表現、「相手の存在の重要さを、たえず意識していますよ」との気持ちを表す挨拶、ためらいがちな相手の意見や感情を引き出すための会話の間、これらすべては、相手の感情を傷つけないようにという日本人的配慮からでているのである。したがって、そのために費やす時間は、高利回りの投資であって、時間の浪費などとは、とんでもないお門違いの批判である。

（直塚玲子『欧米人が沈黙するとき』大修館書店　二〇〇二年　二一二〜二一三頁）

カナダの高校で教師をしていたとき、スタッフミーティングによく参加しましたが、英国出身の同僚教師が「敬意表現」を重視していることに気づきました。人前では決して他人を中傷したりしない、反対意見をもつ人を傷つけないように上手に言う配慮をしているのです。たとえば、「あなたの意見はよく分かる（すばらしい）」とまず受け止めてから、「しかし○○の点については……」と自分の意見を出す、さらに、人の考えや述べたことを引用するときにはその情報源を必ず出すといったことです。同僚教師にこのことについて聴くと、小学校時代から、こうした敬意表現の指導を受けてきたとのことでした。

ハワイの言葉で「ハオレ」の「ハ」は「息」の意、「オレ」は「ない」つまり「息ができないほどあわただしく」の意味であると語ってくれたのは、筆者の立教大学大学院での授業「国際理解教育研究」の受講者であった池田恭子さんです。池田さんは、伝統航海カヌー「ホクレア号」に魅かれ、その航海に参加した人です。

久しぶりに再会した池田さんは、ハワイアンの人々と航海したときのことを次のように語ってくれました。

「航海を続けている日々の中で、自分をとりまく空気が、濃いことに気づかされました。言おうとしていること、言葉の奥にあるものを察してくれるのです。あせって言わなくていいのです。素直になって、黙っていてもよい、安心感をもたせてくれました」と。

グローバルな社会での交渉の場、論議の場では、明確な主張を求められます。文化の異なる人にも伝わる・通じる表現技法を習得していく必要は、確かにあります。しかし、世界には寡黙を尊び、多弁を「信用ならない」とする人々もいます。たいへんなことですが、「節度・節制」「察し」などの日本型表現のよさを保持しつつ、相手や場の状況に応じて、明確に主張し、論理的に表現でき、臨機応変に対応できる対話力の育成が望まれるのです。

3章 子どもたちが夢中で語り始める対話型授業を創る

本章では、子どもたちが夢中で語り始める対話型授業を構想し、実践していくための方途について、具体的に記述していきます。

対話型授業とは、学習の中に対話を持ち込み、仲間と語り合うことにより新たな発見・価値を共有し、その過程で相互信頼や共創意識を高めていく授業の型です。知識を獲得し蓄積する「勉強」から脱し、知識や技能を互いに表現し共有し、相互啓発しつつ共に高みをめざす、「協働的な学び」のタイプです。

二一世紀の教育の使命は、多様な人々とともに、対立や相互理解の難しさを超え、多様な知見や感覚を統合し、そこから新たな知恵や価値の発見や共創ができ、また当事者意識をもち、主体的に行動できる人間を育成することにあります。そのためには、権威主義、比較・効率重視の競争主義を克服し、参加・協働・共創の原理を追求する学習方法が開発され、実践されなければなりません。対話型授業は、そのもっとも有用かつ効果的な学習方法ともいえます。

1 対話型授業を創る

グローバル時代の対話力の育成を念頭に、対話型授業を創るために教師が認識しておくべき基本的な考え方と具体的な方法について記していきます。

■基本的な考え方

まず、子どもたちにグローバル時代の対話力を「事実として」育む対話型授業を展開していくために、教師が心得ておくべき基本的な考え方について述べます。

(1) 対話は「応答」である

国際的な場では、たとえ心情的には誠意をもっていても、相手が語りかけているのに返答しないことは、相手を無視したと受け止められ、失礼な態度だととられかねません。

対話とは相互作業であるという認識をしっかりもち、短くてもよいからとにかく言葉に出して応える習慣を身につけることです。ときにはうなずいたり、あいづちを打ったりするだけでもよいのです。相手の伝えてきたことをきちんと受け止めていることを、言語や態度で示すことが大切です。

(2)「他者意識」「サービス精神（分かりやすく伝え、真摯に聴く）」の大切さ

プレゼンテーションとは、聴き手を意識し、一定の時間に自分の考えを要領よく伝え、説明するものです。自分の考えを効果的に伝えるためには、聴き手をひきつけ、説得・共感・納得させるための論理の組み立て、聴きやすさ、分かりやすさに配慮し、構成、用語の選択、口調などを工夫する「サービス精神」をもつことが大切です。また、相手の文化的背景や立場への配慮が、円滑な対話につながります。

「聴く者が存在するからこそ対話が成り立つ」のです。対話の基本は「応答」であり、聴く態度や姿勢こそ重要です。「他者意識」について、「聴く」という視点からの配慮としては、相手の伝えたいことを真摯に聴く態度をもち、また、相手の伝えたいことを的確に把握するための「質問力」や「要約力」を育むとともに、聴き手の言葉の背景にある思いを感得できる「推察・イメージ力」などを高めておかねばなりません。

真剣さには、心を動かす力があります。これはおそらく世界共通、年齢を問わず、です。

（一龍齋貞水『心を揺さぶる語り方――人間国宝に話術を学ぶ』ＮＨＫ出版　二〇〇七年　一九四頁）

聞くことの学習としては、聞くことによって話を真実にさせるだけの意欲と責任感をもっていなくてはならない。

もう一歩進むと、話されることを話されるとおりに聞きわけるだけでなく、話す人のことばには現れなかった意味や感情を聞きわけることが必要になってくる。

（西尾実「国語教育学序説」『西尾実国語教育全集　第五巻』教育出版　一九九六年　七九頁）

(3)「フェイス・トゥ・フェイス」の重要性

相手の雰囲気、態度、感情等は「フェイス・トゥ・フェイス」で対応するからこそ感得できるのです。電子媒体による言葉の断片のみの伝達だけでは、深刻な誤解も発生しかねません。「フェイス・トゥ・フェイス」による、表情、アクセント、沈黙の意味などを感得しつつ対話し、関係性をつくる体験機会を多くさせたいものです。

(4)「分かり合えない」ことを前提とした対話

多文化共生社会では、分かり合えない、相互理解の難しい人々と対話する覚悟が必要です。どんなに努力しても無駄かもしれない、しかし、少しでも共通の基盤を広げる手立てを工夫し、可能なかぎり、対立を乗り越える手段を習得する必要があります。このためには、分かり合えないことを前提とした対話、容易には合意形成ができない対話、相手を説得できなかった体験も、子どもたちにさせておく必要があります。

(5) 対話の技能を高める

聴く・話す・対話するスキルを段階的に習得させていくことの大切さについては、2章で述べてきました。ここでは、基本のスキルに加え、次の技能を段階的に習得させる必要を記しておきます。

・発言・意見に説得力をもたせるため、思いつきではなく、論拠を明確にした発言ができるようにしていく（統計資料、具体的事象、自己体験等の活用）
・一つの解決策でなく、さまざまな叡智を生み出す姿勢とそのための具体的技能を身につけていく（違う立場に立つ、さまざまな視点から検討するなど）
・事態の背後にあるものを総合的にみて判断したり、洞察したり、推察できる手立てを習得していく（A＋B＝Cの発想をもつ、関係を図に描く、観察するなど）
・さまざまな意見の表出段階で終了するのではなく、最終的な意見にまとめ、さらに聴き手にアピールできる提言をする

(6) 他者の「他者性」を認める

他者をすみずみまで理解できると考えるのは、傲慢です。自分中心に考えると、他者が「透明な存在」になってしまいます。怯えや不安が支配する権力関係の中では、弱者は意識的に自分を出さないようにし、埋没してしまいます。

教師が一人ひとりの子どもの潜在能力を信頼し、期待感をもって対応することが、自信のない子からも、本音や個性的な表現を引き出します。また、子ども同士でも、多様な異見や批判を尊重する開かれた価値形成をめざし、他者を認め、期待する雰囲気を醸成しておかねばなりません。たとえば、ふだん口数の少ない子が発言することにより対話が充実していく体験などを、意図的にさせることが大切なのです。

(7) 予定調和的でない展開・混沌の重視

対話型授業においては、予想との「ずれ・意外性」などを重視することが肝要です。対話する過程で、さまざまな異見が出たり、対立が起こったりし、収拾がつかなくなることがあります。驚きや疑問、反発などが渦巻き、知的葛藤・混乱による混沌が起こる、その状況を解決していく過程こそ、新たな意味生成、知識創造のプロセスなのです。混乱し、混沌とした状態が起きたとき、可能なかぎり対話の時間を保障してやると、不思議にもさまざまな見解が統合され、鳥の雛が殻を破るように、新たな知恵や解決策が生まれてくるものです。そうした殻を破る力が、未来を創る力につながっていくのです。

(8) 非言語表現の重要性

非言語（ノンバーバル）の表現は、言語以上に重要な意味をもちます。主な非言語表現の種類と具体例を記しておきます。意図的にこれらの効果を子どもたちに伝え、またスキルを習得させせていくと、対話が充実してきます。

・身体行動（身体の動き、顔の表情、アイコンタクト）
・身体特徴（体臭、頭髪、口臭、皮膚の色）
・空間の使い方（対人距離、縄張り）
・接触行動（触る、叩く）
・準言語（パラランゲージ、声の特徴）
・環境（建物、室内装飾、色、温度）
・時間の使い方（間、沈黙）

(9)「現場性」と「身体性」の重視

現場に行き、調査し、多様な人々と出会う、事物に触れる、こうした活動は、直接的・相互的なため、主体は何らかの変容を余儀なくされます。また、知識のみによる曖昧さから、根源的な確信を得ることもできます。「身体性」とは、感覚を練磨し、身体全体を使って、触れたり、嗅いだり、見たり、味わったりすることです。五感で感得したことが、おもしろさとなり、やがて、「知ろう」「考えよう」とする意欲につながり、やがて他者に「語りたい」「伝えたい」との思いを想起させます。

五感を通した体験は生きることの根源的な力を培い、自己の内側を豊かにするのです。対話の事前に現場へ行き、多様な体験をさせる、こうしたことが「深い対話」を生む効果的な手立てとなります。

グローバル時代の対話力育成の観点からは、課題によっては、現実直視の視点を欠く理想論ではなく、利害の対立や強者の論理の支配、武力による恫喝などの「冷厳な現実」を認識しつつ、課題解決に迫る対話体験をさせておくことも、きわめて重要です。

2 授業づくりはドラマづくり

■構想を練る

授業を構想する力とは、換言すれば教師の学びのデザイン力です。学びをデザインしていくのに大切な事項を列挙してみましょう。

①授業のねらいを分析・吟味する。
②ねらいに対応した、子どもの実態を把握すること。子どもたちの個性を生かす配慮もしておく。

③学校内外の学習資源（資料・場所・人等）について、調査をし、よく知っておく。
④多様な学習方法について、認識を深め、最適な方法を選択する。
⑤知的好奇心を高め、広い視野・柔軟な思考で教材・学習材の開発をする。
⑥同僚教師、職員、地域の人々、保護者等とネットワークを形成し、協働・共創する可能性を探っておく。
⑦これまでの実践体験、子どもとの交流から得た記憶、エキスを大切にする。
⑧苦しくとも、悩んでも、構想を決め、とにかく一度、学びのデザインを作成してみる姿勢をもつ。
⑨構想を決めたら、子どもたちの状況を想起し、各場面に工夫を付け加えていく。
⑩子どもの反応を予想しながら模擬授業を展開し、改善していく。
⑪一度作成した授業のプロセスを、反省的実践により考察し、改善していく。

授業を構想するとき、もっとも楽しく、しかし辛いのは、⑧の「苦しくとも、悩んでも、構想を決め、とにかく一度、学びのデザインを作成してみる」段階です。これを乗り切るための手立てを記してみます。

第一は、教材研究です。学習目的を達成するのに効果的な教材を収集・選択・分析する過程で、授業構想へのイメージが湧いてきます。知識の習得だけにとどまらず、もっと知りたいという子どもたちの情動をかきたたせる教材開発をしたいものです。

筆者がよく勧めるのが、教材収集の範囲を広げることです。小・中・高校の教科書を参考に読むのはよい方法です。また、多様な人々と会う、放送番組を視聴する、新聞・雑誌の記事を参考にする、といったことです。

第二は、先輩・同僚との対話です。授業構想について語り合うことにより、気づいたり、納得したりできることが浮かび上がってきます。さまざまな人たちから意見が出ると、やがて授業の骨格ができてくる楽しさが共有できます。一回だけでなく、日をおいて何回か話し合うのも効果的です。次の論議の日までに、ふと浮かぶ発想があるからです。それらを持ち寄ると、生き生きとした授業の構想が浮かび上がってきます。

第三は、「真似ること」です。「真似びは学び」です。他者の学習指導案を参考にする、研究授業の様子を想起する、こうしたことから真似てみることにより、授業構想のヒントを得ることができます。

真似ることは、教師の授業力を高める上でもきわめて重要です。ろう学校に勤務している実践研究の仲間たちと語り合った帰路、駅に向かう路上で、若い美術科教師が先輩から模倣したことについて語ってくれたことがあります。「版画は彫り込んで、刷るだけの活動だと思ってきました。しかしあるとき、尊敬してきた先輩の刷りを見せてもらいました。彼は一滴の油をインクに混ぜるのです。すると、刷り上がりは格段によくなりました。また、インクも版画の質によりさまざまに吟味しているのが分かりました。この先生は、きっとたくさんの失敗・試行錯誤の末、この技法を身につけたのだろうと感動しました」と。教師が教育技法を真似ることは、教師文化の継承であり、むしろ奨励すべきことなのです。

さて、構想が決まったら、学習プロセスの各場面の工夫をしていきます。やがて学習案ができてきます。じつはここまでが、授業研究の「五〇パーセント」なのです。後半の五〇パーセントは、実際の授業への対応をイメージする作業です。子どもたちの姿を想起し、発問への反応を予想し、さまざまな状況に臨機応変に対応できるように、複線型の準備をしておく必要があります。授業者が一人でシミュレーションする、または同僚に子ども役をしてもらい、多様な状況を想定しながら模擬授業をしておく方法もあるでしょう。

筆者は、「授業づくりはドラマづくり」であると考えています。ドラマの作り手が、全体のストーリーを念頭に置きつつ、幕開け、クライマックス場面、ラストシーンでのさまざまな手立てを講じるように、平板でなく、静的場面と動的場面を適時設定するなどの工夫をすることが、教師の構想力といえます。

■対話が充実する授業とは

皮相的な建前論ばかりがいくら活発に発言されていても、それは儀礼的な授業であり、対話は盛り上がりません。また、少人数の子どもだけで論議が進んでも、学級全体の子どもたちに充実感をもたせることはできません。

筆者は、子どもが夢中で語り、対話が盛り上がるための要件として、次の三点を考慮しています。

第一に、多様な立場から論議できる授業です。「スーパーマーケットの改善について、経営者・納入業者・消費者・子ども・高齢者など多様な人々の立場から論議する」「地球温暖化の解決について、先進国、開発途上国、国連などの立場から調査し、論議する」「地域の川の治水や環境保全について、人間だけでなく、川にすむ動物たちの視点を入れて話し合う」といったことです。

第二に、さまざまな見解や感想のぶつかり合いから、新たな知見や価値観、知恵が共創される授業です。それは、多様な異見や対立しているように見える意見を、結びつけたり、組み合わせたり、混ぜ合わせたりすることによって、より高い次元の結論や解決策が生み出される授業です。「校庭の使い方をめぐる二つの運動部の対立の解消」「犬の飼い方と散歩をめぐる犬嫌い派と愛犬家とによる解決策の模索」「世界遺産をめぐる観光推進派と遺産保全派の双方の意見を生かした新たな観光方法の提案のための対話」等々が例示できます。

第三は、参加者が対話を通して自分自身が成長していることが自覚できる授業です。対話をしていて「分かった」「なるほど」「おもしろい」と思えることがあります。人は自分の視野が広がったり、思考が深まったりしたとき、喜びを感得します。このことを意識化させるためには、授業の途中で、友達の意見で気づいたことを書かせたり、終了時に、友達のどんな意見に感心したか、また自分の考えはどう変わってきたかなどを書かせるのは、よい方法です。少人数で、互いに自分にとってよかったことを発表させてもよいでしょう。

実際の授業展開では、次のことにとくに留意しておきたいと考えています。

①やわらかさと開放性、透明性、受容的雰囲気があり、安心して自分の意見を表出できる環境設定に配慮する。
②子どもたちに自己の内面にある豊かさに気づかせたり、子どもたちが語りたくなる体験をもたせたりしておくことが、対話への勇気を与えていく。
③自分と異なる思考や感覚に出合い、「心が揺さぶられた」とき、子どもは対話への意欲を高めていく。そのなかで、考えてみたいことが明らかになるようにすればよい。
④子どもたちが話したくてしかたがなくなるような課題の設定が大切である。自分ひとりでは解決できないと思える切実感をもつ、高いハードルの課題の設定が興味をもたせ、挑戦心を喚起させる。
⑤自分の考えをまとめたり、確認したり、再組織化したりする時間が重要である。
⑥意見の対立や混沌とした状況は、新たな価値観や解決策の創発へのプロセスである。

⑦対話による視野の広がり、思考の深化を自覚することが、対話の楽しさを共有させる。また対話の成果が事実を動かしたとき、対話の意義を実感できる。
⑧「観察力」「洞察力」「思考力」「広い視野」「響感・イメージ力」を育んでおくことが、「知的爆発」「知的化学変化」を起こし、それが、共創する対話力育成の基盤となる。
⑨対話を豊かにする感性豊かな進行役を育てること、また教師の支援が重要な意味をもつ。

3 対話型授業を創る手順と配慮事項

■対話型授業の類型

対話型授業は、対話力を伸長することを目的とした授業と教科目標等の効果的達成に対話を活用した授業、言い換えれば「対話を主活動とする授業」と「対話のよさを部分的に取り入れた授業」に大別できます。

対話力を伸長することを目的とした授業とは、聴く・話す・対話する力を高めることを主たる目的とした授業です。愛知県豊田市立下山中学校では、「対話力スキルアップ」のため、朝の会などの折に一五分間、「対話への意欲を高める」「聴く力を高める」「要約・自己再組織化力を高める」「プレゼン力を高める」を課題にした対話スキルの習得に取り組みました。さらに、対話力を高めることを主目的とした「対話を創り出す特別活動」では週に一時間の活動を継続し、最終的に各教科・領域での対話型授業を実践していきました。

対話を主活動とする授業とは、学級会、シンポジウム型の授業ばかりではありません。ペアでの対話とグループの対話等のように形態はさまざまですが、対話を主とした活動により授業を進行させていくタイプの授業です。

教科目標等の効果的達成に対話を活用した授業は、さらに「プラスワン型」と「スパイス型」に分けられます。対話のよさを部分的に活用する「プランワン型」の授業とは、授業のさまざまな段階で短時間でも対話を取り入れる授業の型です。「歴史的出来事についてその要因を話し合う」「図形求積の解法を検討し合う」「主人公の心の移り変わりについて感想を出し合う」といった箇所で対話を活用する方法です。

「スパイス型」の対話型授業とは、食品にスパイスをかけるように、形式は一斉画一型授業でも、教師が対話のよさを生かすため、多様な意見や感想を出させ、それを意図的にからみ合わせて、新たな考え方・知見を共創させようとする方向性をもった授業です。

これらは、固定されたものではなく、学習目的に応じて組み合わせつつ、活用していくことになります。

対話力を伸ばすことを主目的とするのか、合意形成を唯一の目的とせず、さまざまなアイデアや体験などを自由に出し合うことにより仲間意識を醸成するための対話なのか、対立を克服することを目的とする対話なのか、真理を探究する対話なのか、それらの複合型なのかなど、対話の目的に応じて、さまざまな対話の類型を活用していくとよいでしょう。

■対話型授業の基本の学習プロセス

対話型授業の展開には、参加者の学習への知的挑戦心を喚起する対話場面の課題設定、雰囲気、人数・場所等に配慮した環境設定、多角的な視点、論議の深まりを促す教師のコメント力等が大切なことも前述しました。

対話型授業の展開のプロセスを、一つの例として示しておきます。

①対話の課題を認識し、関心をもつ段階
②さまざまに思いを巡らしながら、自分の考えをつくり上げている段階
③自分の思いを伝えたい、仲間に聴いてみたいという切実感・必要感が出てくる段階
④仲間との話し合いにより、互いの考えを知る段階

⑤自分とは異なる出合いや、疑問が生じたり、気づいたり、心揺さぶられる段階
⑥他者の意見に啓発され、新たな自分の考えを再組織化する段階
⑦参加者が協力して新たな考えを出し合い、さらなる高みを求めていく段階
⑧対話に参加し、気づいたこと、啓発されたこと、あるいは最終的な自分の意見等をまとめ、内在化していく段階

対話型授業に全校で取り組む

東京都小金井市立前原小学校は二年間にわたり、「豊かなコミュニケーション能力の育成――『聴くこと』を大切にして」をテーマに実践研究を継続し、筆者もこの学校の研究に参加してきました。

対話とは何か、授業構想の方法、授業で対話力を高める具体的な方法等を語り、研究授業の構想づくりを話し合ってきました。猛暑の夏の一日じゅう各学年の指導案づくりに参加したこともありました。

前原小学校の先生方が構想し、実践した対話型授業を紹介します。

学年・教科等	単元名	本時の対話場面	対話のポイント
1年　国語科	わたしはなんでしょう。	班で「わたしはなんでしょうゲーム」をする。出題者に質問を継続して正解に至る。	まず質問する。思いつきでなく，よく考えて質問する。できたら，回答者の答えを聴いて，それを生かした質問をする。
2年　生活科	いろいろなくだもの	欲しい果物を伝え合おう。	相手の伝えてくる欲しい果物の説明を落とさず聴く。
2年　図工科	牛乳パックから何が生まれるかな。	自分の作品を紹介しながら，グループのみんなから意見を聴く。	よいところを見つけながら聴き，分からないところは聴き返す。技能・表現の両面から助言する。
2年　学級活動	思い出にのこる「お楽しみ会」の計画を立てよう。	種目について話し合う。	「聞き方名人を」思い出して，しっかり聴く。理由も言って意見を述べる。できれば代案も出す。
3年　国語科	たからものさがし(物語を書き、友達と交流する)	3人グループになり，お互いに作品を発表し，相互批評し合う。活発な交流をめざす。	①山場の有無，②ストーリーや主人公について，③文章の間違いをポイントとして助言する。助言の活用は作者の自主性。
4年　総合的な学習の時間	「二分の一成人式」を成功させよう。	「二分の一成人式」をもっとよくする方法を考えよう。 さまざまな意見を生かし協力し合っていく。	掲示物や話し方など，聴き手が分かりやすい工夫をする。 カードを利用し，自分の意見との違いやよいところを記す。
5年　算数科	図形の面積	次の図形の面性を求めましょう。 (複雑図形)	自分の解法を考える。友達の解法を聴き比較する。協力し合いハサミの使用など多様な解法を考える。気づいたこと，考えたことを書く。
6年　外国語活動	行ってみたい国を紹介しよう。	クイズ「私のいきたい国は？」をする。 3秒で手掛かりの絵を描く（未完成がむしろよい)。行きたい理由を述べる。(英語）質疑応答後，答えを発表し，日本語でも補足する。	世界の国や観光名所，食べ物等を事前学習で知っておく。 聴き手の反応をみながら対応する。非言語表現も工夫する。 世界地図など補助資料も用意する。

4 多様な対話型授業を創る

対話型授業の基本的な考え方や手順・留意事項や工夫の仕方について記してきました。ここでは、多様な対話型授業について、さまざまな事例を示しつつ紹介していきます。

■合意形成を唯一の目的としない対話型授業

筆者は、グローバル時代に対話力を高める有用な方法として、合意形成を唯一の目的としない対話の体験を奨励してきました。具体的には、「希望ある未来を共に拓くための対話」「帰属社会の成員同士として共通益や公共益をもたらす対話」「社会改善のための対話」「多様な知見を結びつけることにより知的連帯を楽しむ対話」といった対話が有効であることを述べてきました。

ここでは、授業に焦点を当て、合意形成を唯一の目的としない対話型授業の実践事例を紹介していきます。

その一つは、筆者が担当している東京大学での「高校公民科指導法」の授業です。

この授業には、法学部、経済学部、文学部、社会学部、教育学部などの学生および大学院生が受講しています。学生の専攻は、行動文化、社会学、国際関係論、文化史、教育学、社会心理学、経済学、環境学等、多彩です。毎年、彼らに、「地球社会・地球生命系に関わる現代的課題を調査し、問題点を指摘し、解決策を提案する」を学習課題としたレポート作成とグループプレゼンテーションを課しています。

五～六人でグループを編成します。できるかぎり異なった専攻の者がグループになるように配慮します。一か月半の期間を与える学習活動ですが、筆者の注文はかなり厳しくしています。インターネットや文献による情報収集のみのレポートは認めません。また、皮相的・陳腐な提案、現実を見すえない理想論のみの提案も評価しません。

学生たちはこうした厳しい注文に、むしろ挑戦心を高めていくようです。一例を紹介します。「絶滅危惧種の保全――マウンテンゴリラの保護に関する調査・提言」です。概要は次のとおりです。

［現状報告］　マウンテンゴリラが現地の人に惨殺されている写真の提示
マウンテンゴリラの生息地と生息数の調査結果報告
ゴリラが殺される理由の分析
　現地人にとっては食料を争う害獣である指摘
　ゴリラを駆除しないと生活が成り立たない。駆除して食べる文化がある
　木炭用の森林伐採の違法業者の存在

子ゴリラを手に入れるための密猟があり、通常母ゴリラは殺害される。二〇〇万円の相場がついている
欧米人の中には野生動物の肉を好む者がいる。サル肉市場の存在がある
インターネットを媒介にしたサル肉が欧米に流出している
マウンテンゴリラを守るレンジャーの給与は安い（二〇ドル）
[対応策] 観光資源としてゴリラを捉え直す。これまでの事例から、観光客をゴリラと一時間過ごさせると五〇〇ドルは支払わせることができる
地元にとって単に保護させられるのではなく、財源になることを知らせ、「ゴリラツアー」を実施する

絶滅危惧種の保全をめぐって、学生たちは自分の専門を生かした調査結果やレポートを出します。それらをもとに、要因分析や対応策への提言を検討しました。社会学、心理学、国際関係論などの多様な視点からの論議は活発で、夢中になって話し合っていました。最後に、冷厳な現実とその要因の分析から、地元民が納得し、マウンテンゴリラが保護される、理想論でなく実現可能性のある提言をしました。

小学校の実践事例（駒井崇教諭）「地域から学びを語り継ぐ歴史と未来」を紹介しましょう。

北海道上川郡東川町の国際教育フォーラムに招聘された折に、授業を参観しました。東川町は大雪山系の名峰旭岳を地域にもち、清流で知られた自然環境の豊かな町です。しかし、この町には戦時中の厳しい歴史がありました。駒井先生は、学習案に次のように記しています。

> 地域に残る史跡探しを行い、それに関わる地域のお年寄りへのインタビューを行う。そして、戦後中国に残留した両親と二〇年間を中国で過ごした吉田さん、地域の農家で働く若い中国人研修生の順に、聞き取りを進めていく。社会科で学習した中国との関係、地域にある、強制労働によって造られた遊水池、日本人として中国で生まれ育った吉田さんの体験、国と国との大きなかかわりから一人一人の思いにつながる時の流れを順に聞き取っていく。その中で、戦時中の厳しい生活や悲しい出来事、その陰にあった温かい人と人とのつながりを知り、郷土の人々の優しさ、人と人とのかかわりについて、自分なりの考えをもつことができると考える。さらに、現代の中国から日本にやってきた若者の気持ちや願いにふれることで、ともに尊敬し発展していこうという未来への願いを、強く感じることができるであろう。

授業では、「奉安殿と二宮金次郎」「中学生だった松田さんの話」「農兵隊だった山下さんの話」「中国から帰った吉田さんの話」「中国人研修生の話」の五つのテーマに分かれてグループごとに調査したことが報告されました。

子どもたちは、強制労働を強いられた中国人の過酷な状況、脱走した中国人をそっと助けた地元の人の体験談などの報告を聴きつつ、郷土の歴史に秘められた厳しい現実や人と人とのかかわり方、人としての生き方について、考えを深めていきました。さまざまな視点からの心揺さぶられる情報が、子どもたちの思考を深めていった実践でした。やがて、希望ある未来の町を創るためにどうしたらよいかについて論議は展開し、提言にまとめられていきました。

■知的連帯を楽しむ対話を活用した協同学習

「合意形成を唯一の目的としない対話――多様な知見を結びつけることにより知的連帯を楽しむ対話」の考え方を授業の基調において、学校全体で取り組んだ実践を紹介します。

神戸大学附属住吉中学校・附属中等教育学校住吉校舎では、「グローバルキャリア人を育成する授業の創造」をめざし、協同学習の実践研究に取り組んできました。この学校の研究協議会の基調講演を依頼され、これまでの研究の記録を読み、発表日には全授業を参観しました。

「国際的視野を持ち、未来を切り開くグローバルキャリア人を育成する」ことを教育目標とした実践研究のポイントは、各教科におけるカリキュラム編成と、同校の伝統的学習形態である協同学習の展開でした。この学校の協同学習では、「合意形成を唯一の目的」としてはいません。むろん合意形成はめざしつつ、協同の学びを進めることにより、一人ひとりが主体的に学習に取り組み、仲間と論議しつつ、「見つける力」「調べる力」「まとめる力」「発表する力」の四つの力、また実践的コミュニケーション能力を育成することにねらいがありました。

同校が積極的に活用してきた「協同学習」は小集団学習であり、五つの基本的構成要素（「相互協力関係」「対面的 - 積極的相互作用」「個人の責任」「小集団の対人技能」「グループ改善手続き」）が含まれています。同校がめざす生徒像は、次にまとめられています。

①個々の責任を果たそうとすることにより、主体的かつ協力して解決しようとする姿勢
②協力して問題解決することにより、自他の尊厳を認めようとする態度
③自分とは異なる意見の存在を認め、多様な視点からものごとを考えたり理解したりする力
④他者の意見を尊重しつつ、協力して問題の解決を図ることにより、円滑なコミュニケーション能力を育む

授業では、どの授業でも、おおむね次のプロセスで展開されていました。生徒代表によるリーダー学習（前時授業の復習問題の提示と解答）、本日の授業の流れの確認、課題についての個人学習、小集団内での論議、教師の助言、個人思考、小集団での論議、振り返りです。小集団は伝統的に男女混合で四人を基本に構成されていました。こうした協同学習の基本となっているのが、

教科	単元名	対話を充実させる手だて
国語	人と自然とのかかり	小集団で話し合い，聞き手にとって分かりやすい説得力あるプレゼンテーションを工夫する。内容の簡潔さ，姿勢や語り方，模造紙，画用紙の提示。
社会	ソーシャルリサーチ	各人が歴史上の人物を調査する。小集団の代表人物を決める。学級内で行うプレゼンテーションのためのアピールポイントを話し合い，工夫する。
	世界の資源と産業	調査をもとに，ＴＰＰ参加に対する自分の意見をまとめ情報交換し，異見を取り入れ，自分の意見を補強する。小集団でさらに討議後，意思決定し，根拠をワークシートに書く。
数学	発展課題（三角形の面積と円の性質）	学んだ定理を活用し，発展課題を小集団で解決する。各自の考えを小集団で発表し，正答を導く。その正答を誰もが説明できるようにする。適時，教師が助言し，確認する。
理科	地震と津波	実際の映像により臨場感をもつ。４人一組になり，距離÷時間の確認，地球儀での距離の測定，津波の資料の読み取りなどにより，協力して津波の速さを計算し，説明する。
	分解実験（塩化銅水溶液の電気分解実験）	４名が記録係，準備係，操作係，リーダーの役割分担をする。リーダーは教師の指示をチームに浸透させる。実験をし，結果を科学的に説明できるように話し合う。
音楽	君も名コンダクター	自分の出したい音のイメージを明確に伝えるため，どのように振ればよいかを小集団で話し合う。実際に指揮し，相互批評し合い，より相手に伝わる指揮の表現をめざす。
美術	【紙と光】でつくる　味わう，つかう	切り絵や飛び出すカードの技法により，個人で卓上ランプシェードをつくる。完成品を小集団で相互観賞する。お互いによさを認め合う。自作に自信と愛着をもつ。
保健体育	陸上競技 長距離走	小集団でトレーニング方法ごとに担当者を決め，メンバーの能力に適した練習計画をたてる。自己の記録向上だけでなく，仲間の記録が向上する練習に取り組み，達成感を得る。
	器械運動 マット練習	個人技能に応じた技に小集団で取り組む。仲間同士で技のコツを助言し合う。技の習得とともに，協力し合ったことによる信頼関係を築く。
英語	What can we do ? 偉人から学ぶ	協同学習によるコミュニケーション能力の育成をめざす。マザー・テレサの伝記を読み，彼女の生き方をならって，今後どのようなことができるかをグループで考えていく。
	Sea Turtles から考える環境問題	Reading 教材 Sea Turtles を読み取る。単語練習や内容理解，音読練習をペアや小集団で協同的に行う。また，環境問題を論議し，実践的コミュニケーション能力の育成をめざす。

「対話」でした。小集団での対話場面では、リーダー、記録係とともにムードメーカー役が分担されており、この役になった生徒は活発な論議ができるように気配りすることになっています。当日公開された授業をグローバル対話の視点から検討し、特徴的な学習を前ページの表にピックアップしてみました。

筆者は、附属中等教育学校の協同学習の研究に参加し、次の点を先駆的と受け止めました。

・教師全員が協同学習の目的と方法を共通確認している。
・学習の目的や内容を生徒に説明してから授業を展開させている。
・協同学習のよさを生かすため四人のグループに絞り込んでいる。
・生徒に任せる場面と教師が指導する場面を明確にしている。
・個人・小集団の論議を二部構成にし、対話を活用した論議が段階的に深まり、視野が広がる学習プロセスで学習を展開させている。
・合意形成を唯一の目的にすることなく、多様な視点からの意見を出させることを重視することにより、生徒が視野を広げ、思考を深める対話がなされている。

同校の実践研究に参加し、自分で考える力を十分に身につけ、そのうえで、目的を共有する集団ならではのダイナミックな対話体験を通して、自分以外の価値観や考え方を知る――こうした協同学習を通して生徒たちは、二一世紀を希望ある未来にしていく担い手に育っていくのではないか、そうした期待感をもちました。

■対立を解消するための対話

島根県出雲市立伊野小学校の山口修司校長は、対話実践研究の仲間です。この学校では数々の先駆的対話型授業が開発されてきました。五年生担任の福田秀治先生は、「対立解消のための留保条件」「部分合意」「段階的解決」「発想の転換」「第三者による調整」の五つの方法を子どもたちに習得させる授業を展開しました。

川の利用をめぐる対立です。川の上流には川漁師が生活しています。下流には農民が農耕をしています。対立の設定は「上流で漁師が網を川いっぱいに広げて魚をとっています。この作業のため、川の水が汚れます。このため下流で生活している農民が怒ってしまいました。この問題を双方が納得するように解決するにはどうしたらよいでしょう」です。

子どもたちは時間をかけ、自分の考えをもち、またグループで話し合いました。出された主な解決策は次のとおりです。

上流での漁期を決め、一定の時期にすればよい（留保条件）。川の半分は必ず開けて網をかけない方法ならよい（部分合意）。漁をするさらに上流から下流に向けて水路を造り、きれいな水を下流に流す。それまでは、漁期を決めてお互いに我慢し合う（段階的解決）。漁民と農民が結婚し、仲よく助け合う（発想の転換）。環境に詳しい人によい案を提示してもらい話し合う（第三者による調整）。

子どもたちは楽しそうにアイデアを出し合いつつ、対立解消には多様な方法があることに気づいていきました。

対立には厳しい現実があり、その解決が容易ではないことを子どもたちに感知させた実践事例として、山形市立南山形小学校の高橋美佳先生による、四年生社会科「きょう土に伝わるねがい」の実践があります。筆者は二年余にわたり、この学校の対話型授業研究に参加してきました。学習案の「単元について」に、高橋先生は次のように記しています。

一八三一年の蔵王山の噴火に伴って、蔵王川の水に硫黄石灰が混入し、その下流地点の須川から取水していた堰（大明神堰）の水にもその汚水が流れ込み、南山形（六ヶ村）は、未曾有の不作を呈することになった。その局面を打開するため、松原村名主草苅市郎右エ門氏と黒沢村名主渡辺久右エ門氏らが、蔵王川が流入する上手の上山川から取水し、高谷堰から新堰を掘り通して大明神堰につなげる策を立て金谷村と交渉した。しかし、交渉はうまく行かず、六ヶ村は困窮をきわめ、藩納入米も不足することとなった。そこで一八三三年、草苅氏・渡辺氏らのもと、村民が団結して一夜にして堰を掘り、農業用水を確保するという大事業を行ったというものである。
この史実は、現在の南山形を形成している地区が昔から協力し合い、地区の危機を乗り越えて来たことを学ぶことができ、先人の働きが地区の生活向上に大きく関わったことに気付く上でふさわしいものである。当時の人々の気持ちに共感できる史実があるので、当事者意識をもって考えやすかったり、昔の暮らしの様子を取り入れた学習を進めたりすることができる単元である。

本時の授業は、次の目標とプロセスで展開されました。

［目標］・六ヶ村の人々が農業用水を確保するためにギリギリの選択をして一夜掘りを決行した思いについて考えることができる。
・資料や今まで調べたことを根拠に、六ヶ村の人々の思いを話し合うことができる。

［指導過程］
①一夜掘り前の六ヶ村が置かれた状況や金谷村・代官所の考えを振り返る。
②自分だったら一夜掘りに行くかどうかについて、自分なりの考えを発表する。
③一夜掘りに向かう六ヶ村の人たちの気持ちについて話し合う。
④学習を振り返り、先人への思いを書いて発表する。

問題点は、川水の使用についての金谷村との利害の対立、そして代官所の立場でした。

金谷村には、「真水は六ヶ村の堰に流れていき、金谷村は悪水のみとなってしまう」「堰を造られると、金谷村が洪水の被害に遭うかもしれない」との危惧がありました。

代官所は「お互いに話し合って、自分たちで解決するように」「話し合いで決まったら、新しく堰を掘ってよいという許可を出そう」との立場でした。

この授業では、単なる郷土の先人の偉業を知る学習にとどまらず、対立や葛藤をどう解決していったらよいかを視野に入れた対話が展開されました。

金谷村との対立の現実を直視しつつ、一夜掘りに行くかどうかの心の葛藤が論議されました。子どもたちは自分の意見を語り、友達の意見を聴いて考え込み、また意見を出すといった展開で進行しました。沈黙してしまう時間も多々ありました。

終末で子どもたちは、次のように先人への思いを記しました。

・一夜掘りは、金谷村の人たちにすごく迷惑をかけた出来事だったけれども、もしそれをしなかったら、たくさんの人々が飢えて死んでいたかもしれない。みんなで南山形の危機を救った出来事だった。
・草苅さんたちはすごく迷ったと思うんだけれども、命を懸けて一夜掘りを実行したことはすごい決断だった。

こうした感想文の中に、「金谷村の人たちは、許してくれたのだろうか？」と記した子がいました。筆者はこのことを、この授業が子どもたちを高みに導いた証しだと思いました。

良質な人間関係を構築しつつ、対立を克服し、かかわった人々の人間的成長にも資するためには、心の傷や論理の危うさを編み込んだ、葛藤をし続ける力、不安を包摂する力が大切です。そうした視野に立てたとき、対立を解消する対話が一つのアート、生きる技法、人間成長の手立てとしての広義な意味をもってくるのではないでしょうか。「金谷村の人たちは、許してくれたのだろうか？」と記した子に、そのことを思いました。

■知的世界を広げ、人を成長させる多元的・多目的な対話

ワールドカップの試合などで世界各国のサッカーチームを見ていると、欧州のチームにもさまざまな人種の人々が参加していることが分かります。欧州には、たとえば、フランスで生まれ、英国の学校で学び、スイスに住み、毎日ドイツの会社に通勤しているといった人々が多数います。

日本においても、東京都で結婚する一〇組のうち一組が国際結婚であり、教育現場でも全国の小・中学校の六校に一校の割合で外国籍児童が在籍しているように、多文化化が急速に進んでい

ます。

こうした社会で生きていくには、一つの価値観・思惟方式ではなく、多角的・多層的・多元的なものの見方や柔軟な対応ができる対話力の育成が不可欠と考えます。それは、グローバル化する地域社会に根ざし、共生社会を構築する資質や能力をもつ行動的市民（active citizen）としての基本技能でもあります。世界と日本の現実を直視し、多文化的な社会状況を踏まえた対話力の育成が望まれます。多元的とは、歴史的あるいは空間的など多様な次元からの視点をもつこと、多角的とは、さまざまな立場から見たり考えたりすること、多層的の「層」とは、個人、学校、社会といったような各層のことです。

対話により、子どもたちが多角的・多層的・多元的なものの見方を育み、人間的な成長をしていった事例を紹介しましょう。

離島の中学生たちの知的世界を広げた「対話」

福岡県の相島は、金印の出土で有名な志賀島の北東に位置し、新宮の渡船所から高速船で一七分の距離にあります。玄界灘に浮かぶこの小島には、元寇の折に、多数の元の兵士の遺体が海岸に流れ着き、島民が埋葬したと伝わっています。江戸時代には朝鮮通信使が立ち寄り、その史跡が、現在でも数多く残っているとのことでした。通信使の記録官であった申維翰は『海遊録』の中で、「観る者はたちまちにして恍惚として我を忘れる。すなわち余が航海して以来、初めて見る神仙境である」と、相島の風景をほめたたえています。日露戦争の日本海海戦時にはすさまじい砲声が響いてきたと語る古老もいたといいます。

二〇一一年一月一一日（火）、この島の新宮中学校相島分校を訪問しました。外務省主催のグローバル教育コンテストへの応募資料で、わずか五人の中学生が国際ボランティア活動に参加したことを知り、ぜひ中学生たちと指導に当たった先生に会いたいと思ったからでした。

偶然、島への渡船で教頭先生、担当した福沢先生とお会いでき、ご案内を受け、分校に向かいました。一・二年生各一人の生徒たちが、新年への決意を語り、生徒会の役員交代の挨拶をしましたが、そのスピーチが見事だったのです。儀礼的でなく、聴き手に分かりやすいように、事例や具体的な目標、決意を語っていました。それは爽やかな驚きでした。

五人の中学生は、「自慢の相島」活動を推進しています。中学生が島の景勝地、歴史的な遺跡、物産店などを調査し、「相島マップ」を作成しました。それをもとに、来島した人々に観光ガイドをしているのです。マップを見ると、観光コース、各所の解説、渡船の時間、さらにトイレの場所まで記してありました。このマップ作成のために、生徒たちは島の人々に聴き取りをし、文献を収集調査し、専門家の大学の先生に質問の手紙を送ったりしてきたというのです。

教頭先生の配慮で、担当の福沢先生、篠崎航君、稲光香純さん、長沢栄美花さんの三人の中学三年生と面談しました。交互に語ってくださったことを記します。

福沢先生「生徒の数が少ないので、教師が語り、生徒に知識を伝える授業となりがちでした。そこでどうしても対話が少なくなる。生徒たちの将来を考えると、島外に出たとき、さまざまな人たちと交流できる力をつけてやりたいと思い、先生たちとも相談し、『自慢の相島』活動をすることにしました。最初の一年間は、うまく説明できなかった子どもたちが、二年目には自信をもって語る姿に成長をみる思いがしています」

航君「人見知りで、島の外に出るのも嫌でした。たくさんの資料を集めて読んで、要約したり、よい資料に出合ったりしたので、これを使おうと思うようになりました。必ず説明をしなければならないので、経験をするうちに自信がつき、今はどんどんいろんな人と語れるようになりました」

香純さん「島のいいところを伝えたいと思ってきました。質問されると最初のころはドギマギしてしまいましたが、仲間が助けてくれ、またよく調べていたので答えることができるようになりました」

栄美花さん「台本どおりでなく、相手に応じて説明したり、受け答えしたりできるようになりました。今は、いろんな人とふれあうのが楽しいです」

分校の国際ボランティア活動は、インドネシアで子どもの本や文房具が不足がちの地域の子どもたちがいることを知り、中学生たちが島の人たちや本校の生徒たちに呼びかけ、本や文房具を集めて送った活動でした。わずか五人の中学生たちが、なぜこうした活動ができたのか、応募文を読んで以来の謎でした。しかし、彼らと語り合い、相島分校のこれまでの教育実践が生徒たちに当事者意識、主体的行動力を育み、その成果がもたらしたものと納得しました。授業、観光ガイド、国際ボランティア活動と視野を広げていく活動の折節に、さまざまな人々との交流があり、先生方の支援を受け、生きて働く対話力を高めていったに違いありません。「人見知り」で「自信がない」状況だった中学生たちが、笑顔で楽しげに、次々と語ってくれる姿に、さわやかな感動を受けました。

この章では、グローバル時代の対話力の育成を希求し、そのためのもっとも効果的な学習方法としての対話型授業の基本的考え方や具体的手立てについて記してきました。

ところで、実際の授業に取り組んでいきますと、じつはさまざまな「小さな工夫」が子どもたちの心を対話に開き、「深い対話」を生起させていくことに気づきます。

次章では、多くの対話研究仲間がつくり上げた実践を集約し、絞り込み、そこから土に埋もれた宝石の原石が発掘されるように取り出すことができた、教師たちの叡智の結晶の数々を、磨きをかけつつ提示することとします。

4章 論議の質的高さの希求——対話型授業の学習効果を高めるために

この章では、対話型授業を実際に構想し、学習効果を高めつつ展開していくためのヒントとなる事項を記していきます。その事始めに、実際に実施された対話型授業を分析・考察してみましょう。

1 授業実践から学ぶ

分析・考察の対象としたのは、「伝え合い、通じ合い、響き合う、児童の育成——対話力を育てる指導の工夫」を研究主題として実践研究に取り組んでいる東京都新宿区立落合第六小学校の研究主任、六年生担任の市野菜穂子先生の実践です。

■実践の概要

概要は次のとおりです。本章にかかわる主な部分のみ抜粋しています。

○単元名「共に考えるために伝えよう」
～みんなが過ごしやすい学校づくりについて考えよう～
○単元の目標
学校の施設や物をユニバーサルデザインの観点から見直し、調べて分かったことや考えたことを友達と交流して自分の考えを深め、生活の中に生かそうとする意欲をもつ。
○対話について
この学習を通して、「わかりやすく話す」能力と「相手の意図をつかみながら聞く」能力、「より良い考えに練り上げる」能力、そして「相手に応じて構成を工夫して書く」能力の育成を図りたい。「わかりやすく話す」とは「調べてわかったこと・自分の考え・自分の思いを、根拠を明確にしながら筋道立てて資料を効果的に使いながら話す」こととらえた。また、「相手の意図をつかみながら聞く」とは、「自分なりに意見や感想をもてるように、相手の伝えたいことを考えながら聞く」ことであると考える。さらに、「より良い考えに練り上げる」とは、「わかりやすく話したり、相手の意図をつかみながら聞いたことを受けて、自分たちの考えを深めより良いものに変革していく」ことであると考える。

○研究主題との関連での工夫

・役割を明確にした「まとめ役」を立て、話し合いの進行をスムーズにする。

・教師作成の「対話モデル」を見せ、話し合いの流れやめあてを理解できるようにする。

・「話し合いワード」を提示し、意識して活用することにより、対話を活発にする。

・付箋の活用により、対話の道筋やグループの意見のまとまりをわかりやすくする。

○単元計画（概要）

①ユニバーサルデザインについて関心をもち、学習課題を立てる→②学校にある施設や物をユニバーサルデザインの視点から見つめ直し、調べ、改善点を話し合い、提言する→③振り返りをする

○本時の流れ

①学習の流れの確認→②話し合いのめあてをモデル対話で確認する→③自分の考えの根拠を明確にしながら話す→④友達の意見を聴いたりして、グループの提案を決めていく→⑤出された意見を整理し、提案に必要な事柄を決める→⑥まとまったグループの提案の付箋を学習シートにまとめ、必要に応じて加除訂正を加える→⑦本時の振り返りをする

■市野実践の考察

本実践を実際に参観し、教師が指導の意図を明確にし、周到な計画を立案して授業に臨むと、子どもたちを事実として成長させる実践をつくり上げていくことができることを実感しました。

市野先生は、この授業で配慮することを「発問集」として事前にまとめ、次のように記しています。


（始業前に、「一分間研究発表会」をする）

「今日はいよいよ話し合いです。自分で考えてきた提案をグループで話し合い、絞っていきながら良い提案に決めましょう」

（めあてを板書する。また、意識させるため振り返りシートにも書かせる）

「ゲストの登場です。三人の対話を見てください。話し合いの仕方や付箋の使い方など、工夫されているところがたくさんあります。工夫を探しながら見てくださいね」

（同僚教師によるモデル実演）

「三人に拍手！　みなさんもぜひ良いところを真似してください。まず、話したり聞いたりする時に意識してほしいポイントは三つです」

（ポイント三つを掲示する）

「○○君はまとめ役でした。まとめ役の人は、まとめ役の役割のポイントを意識して話し合いがスムーズに流れるようにしてくださいね」

（まとめ役の役割を掲示しておく）

「最後に、話し合いが活発になるためにぜひ、以前の『充実タイム』の時にみなさんで決めた『話し合いワード』を活用してください」

「まず、一人一人の提案を大切にしましょう。では、一四時二〇分までに話し合いをまとめてください。質問はありますか？」

「では、付箋をはる台紙と、話し合いワードの七原則の紙を持っていってください」

「フリートーキングでいいですよ。話し合いを始めましょう！」
・「より多くの人が使える」のはどれかという視点を意識させる。
・付箋を活用し、考えをまとめたり、いくつかの考えを組み合わせたりする。
・対話しながら考えを練り上げ、提案に向かわせる。
・早く決まったグループは、具体的な改善案を練る。
「今日のめあてに対する振り返りをワークシートに書きましょう」

「次回は、今日決めた提案をどのように発表するかをみんなで話し合って、提案準備に入りましょうね」

発問の経過を読んでいただくだけで感知できるように、市野先生は授業の各段階で、さまざまな工夫をしていました。その小さな工夫が成果を生み出していました。

授業開始前には、常時活動の「一分間研究発表会」を行いました。これは、子どもたちが自分の好きなテーマを設定し、調査したことや、考えたことを報告する活動です。テーマは、「アボガドについて」「マイケル・ジャクソン」「好きな動物」など、何でもよいのです。聴き手は、「わかったことを三つ言えるようにしながら聴く」ことが約束です。参観していて、子どもたちがこの活動を楽しみにしていることがよく分かりました。

この活動をイントロにして、いよいよ授業が始まりました。三人の先生方が、話し合いの仕方をモデル演技しました。子どもたちは大喜びしながら、対話のルールを確認できました。すっかりリラックスしている様子も見とれました。

対話場面にも、小さな工夫がありました。ひとつは「話し合いワード七原則」の提示です。これは、子どもたち自身が自分たちで話し合って決めた「対話するときの約束事」です。グループでの対話がうまくいくように心配りする「まとめ役」をつくり、事前に指導しておいたことも効果をあげました。付箋の活用は、互いの考えを明確に知り、また組み合わせ、練り上げるための工夫でした。座席の配置や時間の設定も、充実した対話をさせるための配慮でした。「早く決まったグループは具体策を考える」との指示も、学習の先行きを見通した対話継続への大切な手立てでした。振り返りの文章を書く場面でも、単なる感想ではなく、本時のめあてに対応した事項を記すように指示していました。

2 小さな工夫が生む、大きな成果

対話型授業を進行させるとき、小さな工夫が大きな成果を生むことが多々あります。一見、小さく見える工夫が、深い配慮によるものであり、子どもたちの対話力を高めていっているのです。それらを列挙していきます。

■事前の工夫

対話以前に、耕したり、仕込んだりする活動が、授業中の対話を豊かにします。そのための手立てを記します。

○事前体験が活発な対話を生み出す

体験は、対話を活発化させます。体験することにより、子どもたちは、さまざまなことに「気づき」ます。また、体験により「確かめたり、深めたり、納得したり」することができます。あるいは「疑問をもつこと」「感動すること」もあるでしょう。さらに、成功体験により自信をもったり、共生体験により仲間のよさを知ったりもします。こうした体験を生かすことにより、自信をもって対話に取り組むことができます。

○内側を豊かに

「～について対話しなさい」と突然指示されても、それは無理なことです。対話の前には、子どもたちの「内側を豊かにする」ための教育措置が必要です。話題について事前に調べてくる、考えをまとめてくる、体験を想起するといった活動をさせておくことなどです。時間がとれなければ、短い時間でも、自分の考えや発言したいことをまとめる時間をとってやることが、事後の対話を活発にさせます。

自信のない子には、言いたいこと、体験したことをたくさん書かせ、教師が「これはきっとみんなが興味をもつよ」と選択し、勇気づけておくのも効果のある方法です。

○対話する意義を伝える

現代の子どもたちの大きな問題点は、語彙の少なさもさることながら、言葉についてのイメージの貧困です。大学の授業で、態度のよくない学生に「出ていけ」と冗談交じりに注意したら、そのまま教室の外へ出ていった、との笑えない実話があります。

対話型授業の前には、「対話の意義についての説明」が必要です。たとえば、「敬意表現」についてです。対話では、敬意表現が大切です。敬意表現とは、敬語を使うことだけではありません。

より広く、相手への敬意を払うということです。相手の話を真摯に聴くこと、相手の意見をまず受け止めてから自分の意見や疑問点を述べるといった表現方法です。

また、対話が民主主義社会の基本技能であることについても伝えておきます。民主主義社会における対話では、意見表明の自由と共に論議への参加の責務があり、対話をするときには、傍観者にならず、自分の考えを伝えたり、情報を提供したりすることが義務となることを伝えておく、といったことです。

できるだけ具体的に、なぜ聴くことが大切か、質問にはどんな役割があるか、などについて、事前に説明しておく必要があります。

■対話に心を開き、対話への意欲を高める

対話とは雰囲気づくりといってもよいほど、雰囲気は大切です。心を開き、対話への前向きな気持ちをもつための工夫を記しておきます。

○構えをとる

子どもたちが、自由闊達に対話するための雰囲気づくりには、まず構えをとることが有効です。少し体を動かす、歌を唄う、素読・音読・朗読する、友達と触れ合う、笑い合う、こうしたことが構えをとり、心身ともにリラックスさせます。身体を触れ合う、声を出す活動は、とくに効果

的です。

○話題・テーマがおもしろい

子どもたちが夢中になり、語り合う対話型授業を創るためには、話題・テーマが大切です。対話が深まり、高まっていくのは、多様な角度からの論議が不可欠な、少し高いハードルの話題・テーマ設定が秘訣です。たとえば、次の視点で話題・テーマ設定をするとよいでしょう。

・子どもたちが内面を揺り動かされる話題
・子どもたちが話し合う価値を認める話題
・子どもたちが切実に対話してみたいと願う話題
・論議の深まりが期待できる話題
・多様な立場からの論議ができる話題
・対立点がある話題

■対話を深める

皮相的、表面的、儀式的な「浅い対話」から、広がりと深まり、高まりに向かえる「深い対話」に導くための工夫を紹介します。

○補助教材を用意する

子どもたちの知的好奇心を高めるために、補助資料を用意すると効果的です。たとえば、幼少時の写真、実際に商店で売っている品、社会の実相を映す放送番組、新聞記事や世界の現実を写した写真などは、思考を深め、発言への契機となります。とくに強烈なインパクトを与えるのが、実物資料です。小さいころの靴、実際に漁師さんが使用している漁具などを示すことで、子どもたちが一気に関心を高めた授業を参観したことがありました。

○多様な人との出会い

異なった感覚、見方、考え方、生き方、生活習慣、行動様式をもった人との出会いも、知的好奇心を喚起します。見知らぬ地域を旅した人、ひとつの仕事に打ち込んできた専門家などとの語り合いは、広い世界を知る快感を与え、自然な対話を生みます。こうした人々とは、できれば事前の話し合いをもち、学習目的を共有し、ポイントを絞った話をしてもらうことが授業の成否にかかわります。また、質疑応答の時間を確保すると、対話力向上により役に立つようになるでしょう。

○学習目的に応じた机の配置をする

英国の学校を参観したとき、ある教室で中央を空けて、全員が外を向いている机の配置に驚きました。しかし授業の進行とともに、机の配置は扇型、グループ型と変化していきました。教室の中の机の配置を柔軟に考え、二人組、四人組、扇型、一人机等、学習目的に応じた配置ができるようにしておくと、個が生きつつ、多様な他者と啓発し合う対話ができます。

○教師の記憶を生かす

教師の記憶が意外な効果をあげます。教師が子どもたちについて記憶していること、「二年生の時、困っていた一年生を助けてあげたね」などを語りかけると、それがヒントとなって子どもが自分の思いや考えを広げていくことがよくあります。またそれは、自分を見守ってくれる教師の存在を意識する機会ともなります。

現代の子どもたちは、心理的に不安定感をもつ傾向があります。それは、絶対的に信頼できる人が少ないことへの不安からではないでしょうか。教師が子どもたちの気持ちを支えていることを示す、その有用な手立てが、対話場面で記憶を伝えることだと思います。その支えられていることの感得が、表現への背中を押すことになるのです。

○一人ひとりが役に立つ場面を設定すること

意見をすぐに出す子だけでなく、どの子も発言できる機会を意図的に設定するようにすることこそ、対話型授業の要諦です。教師はつい、挙手する子を指名し、あるいは挙手する子のみに頼って授業を展開してしまうことがあります。

しかし、「手を挙げない子も考えている、意見がある」のです。これは間違いない真実です。

ですから、一人ひとりが役に立つ、発言できる機会を意図的にでも設定することが大切です。たとえば、グループで順番に意見を言う、最後のまとめの段階で、全員が感想や気づきを発言できるなどです。

■自己の成長を自覚させる

○書くことを活用する

ワークシートなどを用意し、書かせることは、自分の考えを明確にする効果的な方法です。人は、考えがあるから書けるのではなく、書くことによって考えを生み出すことができるのです。また、本時の授業で学んだこと、気づいたこと、できるようになったことなどを書かせることが、自己変革・自己成長を自覚させる機会となります。たとえ短時間でも、書く時間を意図的に設定することが、次の対話への手がかりを与えます。このとき留意したいのは、振り返りの目的を明確にすることです。全体的な感想なのか、友達の発言で気づいたことを書くのか、対話についての自分の言動について記述するのか、等々です。ワークシートは、目的に応じて工夫して作成することが肝要です。

○沈思黙考させる

授業のさまざまな場面で沈思黙考させる「時」を設定することは、予期する以上に対話の拡充の上で効果的です。沈黙し、思いを巡らすことにより、考えをもち、論点を整理し、新たな自己見解をまとめることができます。授業中、たとえ一分間でもよいのです。「沈黙の時間」を授業に持ち込むことを勧めます。

ここまで、教師の小さな工夫が、対話型授業に大きな成果をもたらすことについて記してきました。それらを統合的に集約するとき、対話を充実させるためのキーポイントは、「一人ひとりの子どもたちに、『当てにされている、期待されている、役に立つ』自分を自覚させること」ではないかと思い当たりました。

対話型授業においては、一人ひとりの子どもたちの潜在能力を信じ、引き出し、活用することがもっとも重要です。このことへの確信をもったのは、川田昇先生との出会いでした。

「障害は才能である」――こころみ学園の活動

「障害は才能である」と教えてくださったのは、栃木県足利市の郊外にある知的障害者更生施設「こころみ学園」園長の川田昇先生でした。先生は、山の急斜面を開墾してブドウ畑とし、そこに知的障害をもった人々が自立する学園を創設し、運営されてきました。

数年前の夏の一日、先生の案内で急斜面のブドウ畑に登ったことがありました。山頂で汗をぬぐいつつ、「猛暑の夏に下草を一日じゅう刈る作業に取り組む、ブドウの木に肥料をやる時機が勘で分かる、これは才能なのです」と園生たちについて語ってくださいました。「重度の障害をもつ園生が、ブドウが実るまでの五か月間、毎日、畑に行って、自分の仕事だと自覚して、大きな缶を棒で叩いて、カラスを追っている」との話も聴きました。

園生たちの、鎌で下草を刈る技術の高さ、ブドウや椎茸を栽培する専門家としての力量を賞賛し、なによりも人間としての内在する資質を認める川田先生の姿勢に感動したことを覚えています。

人は「役に立つ、当てにされる自覚」によってこそ、自信をもち、生きることを、「こころみ学園」の生活を見聞する中で実感しました。缶を叩いてカラスを追った園生は、収穫の時期が終わると、いつも「今度はいつですか」と繰り返し問い続けるそうです。

川田先生は二〇一〇年一二月一七日、大往生されました。享年八九歳でした。二〇一一年一月二七日にこころみ学園を訪ね、後を継がれた娘さんの越智真智子さんを弔問しました。越智さんは、次の話をしてくれました。

・川田先生は、猛暑の夏に体調を悪くし、入院加療していた。そうした折、いちばんの働き手で、長年にわたり共に学園を支えてきた阿實さんが逝去した。やっと立てる病状だったにもかかわらず駆けつけた先生は、寝台の手すりにつかまりながら、じっと黙って阿實さんを見つめていた。先生はその日以来、食欲をなくし、ほとんど食事をしなくなった。一週間後に亡くなった。

・葬儀の日、いつも賑やかな園生たちがみな無言で見送った。

・一か月たった今でも、川田先生の遺影の前に、誰かが毎朝、ご飯を供えにくる。
越智さんによると、川田先生は生前、新たな入園生が来るといつも、「できるだけ資料を読むな、先入観をもつな」と言っていたといいます。園生たちを自立させ、結婚までさせてきた先生は、やがて「（園生たちの）親も引き取って看させてゆきたい」との構想をもっておられたとのことです。

その日は、雪の舞う寒い日でした。弔問を終え、駐車場までの道を歩き、急峻なブドウ畑を見上げつつ、痩身で日焼けし、手が大きく、指が太かった川田先生のお姿を思い出していました。

3 学習プロセスの各場面の工夫

これまで参観させていただいた数々の授業の展開を振り返りつつ、学習プロセス、導入・展開・終末段階の工夫を紹介しておきます。

■導入段階

導入段階での雰囲気づくり、目的の周知や学習意欲の向上への手立てが、学習全体の進行にかかわっていきます。導入段階の主な活動と具体例を示します。

○学びの軌跡の確認

・教室の掲示物を活用する。
・学習ノートを交換する。
・代表にこれまでの学習の流れを語らせる。
・教師が口頭で説明する。
・挿絵を活用して前時の学習を振り返る。
・前時に子どもたちが記したワークシートを読む。

○目標の明示

・目標を黒板に書く。用紙に書いて示す。学校の約束事を読み、再確認する。
・世界のニュースで関心を喚起させる。
・学習課題の予想を立てさせる。

○学習への興味や関心を高める

・本時で使う実物資料を次々と見せる。
・ビデオを視聴させて関心を高める。
・教師がモデル対話をし、目標や対話の仕方を示す。（台本作りが重要）
・クラスアンケートの結果を示す。

○学習プロセスを周知させる
・学習の流れを黒板に書く。
・本時の時間配分や主な活動について教師が説明しておく。
・グループで本時の目標と活動を確認し合う。

■展開段階

展開段階は、対話型授業の白眉です。仲間と共に考えを練り上げ、共に高みに至り、自己成長が感得できる「深い対話」を展開させるための手立てを紹介します。

○「深い対話」をめざす
深化・発展する対話をめざした学習プロセスの工夫を例示します。
・全体↓個↓グループ↓個↓グループ↓全体のプロセスで進行する。
・中間地点を意識的に設定し、確認したり、再組織化したりする時間帯とする。
・新たな発想、インパクトのある事実の提示などにより思考を深め、視野を広げる子どもたちの対話に揺さぶりをかける。
・独自の発見、新たな世界の創造の奨励――一定の結論にとどめず、固定観念を打破し、独自の発見や見解を生かし、殻を破る対話に仕向ける。

・多角的論議を促進する――多様な視点・角度の意図的導入により論議を深める課題設定。

・失敗・違い・誤差の活用――「失敗・違い・誤差こそが論議を広げる」との姿勢により、それらを活用した対話を進める。

・混沌を恐れない――混沌こそ創発の要因であると認識し、むしろ活用する。迷いや揺らぎを大切にする。

・モデリング（模倣の学習法）の活用――さまざまな異見を統合し、新たな見解をまとめたり、批判を生かして対話を深化させているグループの様子を意図的に取り上げ、学級全体に知らせる。

・体験や資料の活用――テーマにかかわる資料や体験等を生かし、論拠のある対話を進行する。

・対話を継続させる――粘り強く対話することにより、解決策や共創できる体験をさせる。このため、日を改めて対話させる方向も見通しておく。

○リーダーの役割

授業の展開場面における対話のコーディネーターの育成は、きわめて重要です。教師対子どもの図式ではなく、子どもたち同士が深い対話を進めるには、コーディネーター役が必要です。

単に対話の約束事や手順を知っているだけでなく、コーディネーター役は、一人ひとりを大切にし、みんなが心を開いて話せるような配慮ができることが肝要です。こうしたリーダーを育てるための教師の配慮が、重要な意味をもちます。

3章で紹介した神戸大学附属中等教育学校では、四人で編成されているグループの一人をムードメーカーの役として位置づけていました。この役になった生徒は、受容的・開放的な雰囲気の中で話し合えるように、ちょっとした工夫をすることになっていました。グループでの対話を参観していると、たしかにムードメーカーが笑いを起こし、全員参加の論議を促していることが見とれました。

○教師の対応

展開場面における教師の役割は、多彩です。授業の企画者・進行役であり、子どもの成長を見守る保護者であり、学びの深化を希求する探究者でもあります。対話場面では、支援者であり、うるさく口は出さないが、折にふれてヒントを示す先導者でもあります。多様な教師の役割を集約してみます。

・子どもの反応を捉える――小さな気づき、発見、素朴な疑問を大切にする。言葉足らずを恐れさせない。
・教師の「コメント力」――論議を広め、深める、また子どもたちを勇気づける「コメント力」を磨く。

・教師スキル——授業は「時間の芸術」であり、「刻々の創造」である。もっとも重要なのは、子どもの一瞬一瞬の反応への対応、「臨機応変の対応力」である。適切で、かつ次の展開への効果的な対応は、目標分析・教材分析によりもたらされる。また、教師としての人間的な幅が、多様な子どもの反応を捉える力となる。教師は、想定外・理解外の子どもの反応も活用する姿勢をもちたい。教師の声・立つ位置・表情なども、授業の展開に大きな影響を与える。板書は、きれいに整理することばかりが目的ではない。子どもたちに思考の手がかりを与え、対話を拡充するための手立てでもある。そのための工夫が大切である。

■終末段階

授業の終末段階は、学習の成果の確認と、次の学びへの展望をもつ段階です。終末段階には、次の三つの機能があると考えます。

○多様な振り返り方法

・ワークシートに書き込む。

・友達と気づいたこと、考えたことなどを語り合い、深め合う。

・自分ができたこと、うれしかったことを書いたり、発表したりする。
・疑問に思ったり、もっと知りたくなったことを書いたり、語り合ったりする。
・教師の話を聴く。
・アドバイスカードを書き、お互いに渡す。

○余韻を残す

・詩の朗読を聴く。
・教材の中心部分を読む。
・今日の授業で自分や友達のよかったことを発表する。

授業研究は、計画―実施―評価のサイクルで行われる。授業者とそれを観察する教師との批評会が不可欠である。教師は、研究者の目をもって授業研究に臨む。焦点は、生徒の学習に当てられる。授業の改善と知識、経験の共有、教師の職業的成長がめざされる。

（日本教育方法学会編『日本の授業研究』学文社　二〇〇九年　七頁）

グローバル時代の対話力とは、異質な思考・感覚等とのハイブリッドな出合い、批判や異見が出て、対立が起こり、混沌とした状態になることもありますが、それが統合され、そこから新たな知見や知恵を共創する力です。対話型授業の展開段階とは、こうした対話力を育むための工夫が重要となります。

総合的な学習の時間が減少しているように、最近、教育界が細分化への道を歩んでいることに、危惧をいだきます。基礎・基本は重要です。読み・書き・計算などの技能や、知識の習得なくして、創造力は育ち得ません。しかし、教育が知識の伝授に偏重していくことには、問題があります。

少し広い視野から教育をみると、家庭教育の劣化、地域の教育力の低下は深刻です。対話のない家庭、人々との交流の激減している地域が急増しています。こうした家庭・地域で育っている子どもたちに、世の中がさまざまなかかわりによって成り立っていることを体得させることは、現今の教育の根源的課題です。

また、この世には二分法で割り切れないことがあり、その「曖昧さ」が人間の生活を豊かにしていることを感知する機会がほとんどないことも、大きな問題です。テレビへの依存や電子ゲームの蔓延は、友人関係や授業さえもちょっとした好き嫌いで、スイッチを切るように切り替えてしまう性向を増幅しているように思えます。

人とかかわることの愉悦を感得し、多様な他者と共創することにより、新たな知的世界を拓くことのできる資質・能力・技能を育む、このために学校は「最後の砦」なのです。学校教育の場で、「異質な思考・感覚等とのハイブリッドな出合い、批判や異見が出て、対立が起こり、混沌とした状態になることもあるが、それが統合され、そこから新たな知見や知恵を共創する力」を育む、それが二一世紀の人間形成を担う学校教育の使命と信じます。そのもっとも効果的かつ直接的な学びの場が、対話型授業なのです。

■授業で活用する対話の類型

授業中には、対話の目的に応じてさまざまな形態の対話が活用されます。それらを分類して示しておきます。

○ペア対話・グループ対話・全体での対話

・ペアでの対話——お互いの位置関係がポイント。正面でなく、一二〇度程度の角度があったほうがよい。

・グループ対話——四人程度が話しやすいとされる。役割分担を決める場合と、自由な語り合いとがある。

・全体での対話——コの字型、扇型、対面型など多様な型がある。対立した意見の交換では、双方が椅子に座って向かい合い、意見の変化に応じて位置を移動する方式もある。

○共同作業での対話

花壇づくりをする、新入生歓迎会の準備をするといった、さまざまな活動をしながら仲間と対話する。目的が共通なので、話しやすいし、成就感も共有できる。大学の新入生たちに、自然豊かな道を歩かせ、その道すがら短歌を作らせ、帰路は、その鑑賞をし、よい作品をグループで対話しつつ選ばせた活動があった。

○自然な対話

ハイキングをしていて途中からいっしょに歩き始めるなど、見知らぬ人々が集い、やがて対話するタイプである。互いに地位や関係が希薄なだけに、気楽に話し合うことができる。

○自己内対話・他者との対話・社会との対話

対話には、自己との対話、他者との対話がある。対話型授業においては、自己との対話、他者との対話を組み合わせることが、学習効果を高める。また、社会とのかかわりを意図し、さまざまな人々と対話する学習を意図的に持ち込むことにより、対話の世界が広がっていく。

○自然との対話・動物との対話

人間形成とかかわって、自然との対話はきわめて重要である。海岸を歩き、林間を散策し、近郊の山に登るだけで、心おだやかになり、人生への希望が湧いてくる。筆者は、飼い犬の柴犬「龍之介」、ドッグセラピストの娘が共に暮らしているゴールデンレトリバーの「あんず」に触れるだけで、いつも心が癒される。こうした自然・動物との対話も、対話型授業に取り入れたい。

埼玉県立越ケ谷高校（同県越谷市）の小林昭文先生は、筆者が主宰する「学習スキル研究会」の仲間です。物理を担当しているのですが、学習過程にグループ学習を取り入れることにより、生徒たちが学力を向上させているというのです。

学習スキル研究会で、その実践を報告してもらいました。小林先生は、担当するすべての授業でグループ学習を中心に据えたとのことですが、授業のプロセスは次のとおりです。

○授業時間（同校は一コマ六五分）のうち、最初の一五分間はプロジェクターを使って講義する。次の三五分間をグループでの「問題演習」にあてる。具体的には、生徒を五～八人程度に分け、講義で扱った範囲の問題を三、四問与える。演習中、立ち歩きやおしゃべりは自由にする。生徒は互いに教え合ったり、小林教諭に質問したりしながら解法を考える。最後の一五分間では、小テストと授業の感想文を兼ねた「リフレクション（振り返り）シート」の記入を行う。

この小林実践の基調には、「アクションラーニング」がありました。アクションラーニングとは、質問とリフレクション（振り返り）を通してチームが課題を解決し、考える力を養う新しい会議方法です。また、チームワークをビルディングするのにも有効とされています。その基本のプロセスは、「提案者による問題提起→提案者への質問形式による討議→再提起：問題の計画化とコンセンサス統一→問題に対しての解決策（行動計画）模索→行動計画の確認及び討議の振り返り」です。

小林先生は、「物理の授業に人気が出て、履修者が昨年の約三倍の九〇人になり、平均点も上がった。生徒は自己表現力などを身につけながら、物理の勉強もしっかりできている」と、この学習の成果を語っていました。

日本体育大学附属二階堂高校の佐藤広子先生は、国語科の教師です。佐藤先生は国語科の先生たちと協力し合い、「ライティングワークショップ」の授業を開発しました。この形式での授業で、子どもたちはぐんぐんと文章力を高め、人間関係も良好になっていったとのことでした。その授業展開は、次のとおりです。

○全体での「ミニレッスン」一五分（全員が前を向いた状態で行ったり、グループごとになったり多様）→個別の「書く時間」六〇分（ひたすら書く。誰とどこでやってもよい。内容も自由）→全体で「共有する時間」五分→「振り返りカード」に記入する一〇分。

○書きあげた文章には生徒の選択権があり、読んでほしい人は提出する。
○ミニレッスンで扱った内容（二年生体育コース）
①「相手の情報を引き出す質問をする」、②「論理の流れを考える」、③「主張を支える根拠を考える」、④「エピソードで語る」、⑤「臨場感を出す」、⑥「会話文から始めることで読み手を惹きつける」、⑦「感情を行動や風景で表現する」、⑧「五感を使って描写する」、⑨「書くことの意義」、⑩「読むことの意義」、⑪「自分を知る」、⑫「発想を学ぶ」、⑬「手紙文の決まり」、⑭「ポジティブシンキング」、⑮「質問やコメントを考えながら人の話を聴く（リンキボム）」

佐藤先生は、研究室に筆者を訪ねて来てくださり、生徒たちが当初は戸惑いながら、やがて書くことの楽しさを感得し、書く力を高めていった成長ぶりを語ってくれました。当初、自分の文章を友達に読まれることに抵抗もあったといいますが、見せてくださった生徒たちの年間を振返った感想文を読むと、生徒同士が作品を読み合う意味について、「お互いに切磋琢磨できる」「相手の気持ちを知ることができた」「書き方を真似して質が高められる」「意見の幅が広がる」「自分でも気づかぬことが分かった」などの記述がありました。だんだんと読まれることをよいことと思い始めた生徒の様子が見とれました。

小林・佐藤両先生の授業開発に共通しているのは、授業の学習プロセスの工夫です。個人→グループ→全体での学習、説明を受ける学びと自分たちで集中していく学び、また相互啓発し合い協働する学び、振り返り時間の設定などを、生徒の実態や学習目的を念頭に置いて効果的に組み合わせています。また、さまざまな対話の形態を、適所で活用しています。

学習プロセスを工夫し、「個としての学び」と「対話の活用による協働の学び」とを学習目的に応じて組み合わせることにより学習効果が高まることを、小林・佐藤両先生の実践から学びました。

「ライティングワークショップ」で書かれた、高校二年生の「自己理解」に関する文章です。

問：将来、社会に出てから必要だが、今の自分に不足していると思うのは、どのような力ですか。また、今後、それをどのように身につけていきたいですか。あなたの考えを、四〇〇字以上六〇〇字以内で述べなさい。

「今の私は、気持ちを伝えることが苦手です。単純に楽しく話をすることではなく、本当の気持ちを伝えるということが、私にはどうしてもできずにいます。

これから生きていくなかで、思いを伝え、時に悩みを共有していくことや、思っていることを偽りなく伝えることがあると思います。伝えていくことで、未来を良い方向に変えていけることもあるかもしれません。伝えないで我慢していくより、心を開いて話せる人に一人でも聞いてもらうことで、少なからず救われるし、悩みすぎて最悪な結果で自殺やうつ病という事態から回避できるかもしれないと思うからです。不登校や自殺が増えている今、この力は必要だと思います。

しかし、簡単に話すことは難しいです。まずは、一人で解決することが難しい時は、誰かに頼ってみようと思います。また、思いを紙にぶつけてみることも、迷惑をかけない手段なのでやってみようとも思います。しかし、それ以上に大切なのは、気にしすぎないことなんだと思います。

これから先、悩んでいる人がいたら、誰かの力になれる存在になりたいです。自分も考えすぎないようにしていきたいです。将来は小学校の先生になりたいので、たくさんの生徒の悩みと一緒に向きあっていきたいと思っています。できればカウンセラーの資格もとって、たくさんの人を支えられる存在になることを目標にしていきたいです」

■「学習方法のパターン化」から「応用・深化・発展する学び」の創造へ

二一世紀の人間形成を希求する立場からは、「教育のパターン化」への危惧と「応用・深化・発展する学び」の重要性を指摘しておきます。語句の習得、計算力の向上、歴史上の人物名の暗記などの記憶中心の学習では、パターン化は効果をあげます。また教師、殊に教職経験の少ない教師たちが、学習プロセスのパターンを身につけることは、基本から応用に至る第一歩として効果があるかもしれません。子どもたちもひとつの流れに乗って、そこそこの反応を示し、一定のまとまりある授業となるでしょう。

しかし、安易にパターン化に依拠してばかりでは、教師としての力量は高まりません。教材と格闘し、学習プロセスを試行錯誤し、数多くの失敗体験をし、そこから納得できる手法を発見していく、その繰り返しによる多様な手法を習得していく、この過程があってこそ、教育実践力は高まるのです。

パターン化は、学習過程の定型化などの可視的な部分だけではありません。問題は、一見、子どもたちの自由な発想を重視しているような授業にも、教師の形骸化した進め方が潜んでいることです。対話型授業を参観した後の検討会で、「この授業は一見、子どもたちの主体性を大切にした対話型授業のようでいて、教師の意図どおりに進めた儀式的な授業と思えた」と辛口のコメントをしてしまったことが、何回かありました。

日本の学校では、ともすると、「教師は子どもの目線で」などと口では言いつつ、実際には疑問の目・批判の目を育てる手立てを講ぜず、暗黙のうちに、子どもたちに従順さを求める傾向があるのではないでしょうか。学習のパターン化に潜む大きな問題は、子どもの思考を硬くする可能性があることです。正解と不正解、二者択一の回答等の学習ばかりを継続していくことには、子どもたちを型にはまったものの見方、考え方に追いやる危険性を感じます。

「考える」とは、自分に向かって問いかけること、自分の心の中にあるものを掘り返して空気を入れていくこと、貧しく見える自分の中に美しいものを掘り当てることです。多様な角度からの考え方・見方・感じ方に、心の底から激しく揺さぶられ、固定観念や既成概念がひっくり返り、さまざまな価値観の存在を知る――そこから子どもたちが「実感」「納得」「本音」自体を変えていき、新たな世界を発見する喜びを実感できるのです。そうした、深化・発展する学習こそ、二一世紀の人間形成に資していくのです。本書のテーマである対話型授業は、その具体的な展開なのです。

4　人や社会・自然とのつながりを高める対話型活動

二一世紀の人間形成では、自己が人や社会・自然と確実につながっていることを自覚することが重要です。世の中の事象を知識として知るといった暗記的な知から、現実的に世の中と自己とがつながっていることを自覚する知へと転換する教育活動を、意図的に推進する必要があります。そうした人や自然・社会とのつながりを実感させ、良好な関係構築力を高める対話型活動を、まとめてみました。地域を歩き、見聞すると、効果的に人・社会・自然とのつながりを実感することのできる、多様・多彩な教育資源があることに気づくものです。

■公民館での対話――高齢者と子ども

松江市城東公民館では、元小学校校長だった山崎滋館長の企画で、地域の高齢者の人々と小学生との交流活動を行っています。

興味深いのは、本格的な共同授業に取り組んでいることです。二八人の小学校五年生と三〇人の地域の人々が参加しました。授業では、「思い込みや偏見について考える」ことをテーマとして、小学校五年生と高齢者が混合で五～六人のグループを編成し、一つの課題について、対話を通して相互に楽しみながら学んでいきました。

教材は、『レヌカの学び』です。元青年海外協力隊の土橋泰子さんは、ネパール人女性レヌカが研修のため一〇か月間、日本で暮らすうちに、ネパールにいたときとは別人のようになっていったことをヒントにして、カードゲーム『レヌカの学び』を、教材として考案しました。作成された一八枚のカードには、レヌカの考え方や気持ちなど、さまざまなことが書かれてあり、その内容が、「ネパールにいたときのレヌカのことなのか？」「日本にいるときのレヌカのことなのか？」、その根拠を考えながらカードを分類するというゲームです。

これをグループで分類する過程で、知らず知らずのうちにできてしまった「思い込み」や「固定観念」があっても、それに気づかず分類してしまうことがあります。

たとえば、「ご飯を食べる前には必ず手を洗うよ」というカードは、「ネパールは貧困・非衛生」などの理由で「日本」と答えたチームが多かったのですが、後で「ネパールではご飯を手で食べるので、必ず食べる前に手を洗う」と講師が説明すると、自分たちが偏見をもっていたり、知識不足であったりしたことに気づきました。

子どもたちは大人と対等に対話をし、自分の意見をきちんと受け止めてもらえたことで自信を深め、大人は子どもたちの新鮮な考えや発想に驚きつつ、子どもたちと共に考えたことで元気をもらっている様子が見られました。

事後の感想文を紹介します。

「今日、道徳の時間に公民館で、おじいちゃん、おばあちゃんたちと勉強しました。『レヌカの学び』で、私たちはちゃんと意見を言えました。まちがえたカードは、八枚ありました。おじいちゃん、おばあちゃんたちと同じ意見になったり、違う意見になったりしたけど、理由を考えるとみんながまとまったりして、ネパールはとてもむずかしい国だなあと思いました。日本ではないと思っていたカードが、日本だったりしてむずかしかったけど、みんなで協力できてとても楽しかったです」

「戦争を体験した私たちの世代では、ネパールは、マイナスイメージが先行してしまう国でした。特に、『私は、ご飯の前には必ず手を洗うよ』というカードでは、自信をもって『日本である』を選択し、『僕は手を洗わないことが多いよ』と言う同じ班の子どもたちに、『だってみんなのうちでも、学校でも必ず手を洗うでしょう。それが普通よ』と言って話しました。ですから、正解が発表された後、『ネパールの人たちは、手でご飯を食べるから必ず手を洗う』と説明され、一応納得しながらも、でも、『日本だって手を洗う』との思いが残りました。しかし、その後、そのことを家に帰ってから話すと、家族から『食事前に手を洗わない人は結構いるんじゃないの』と言われ、だんだんと最初の自信は、実は単なる『思い込み』であったことに気がつき始めました。このような研修で、まさに子どもさんたちに教えられる思いを体験しました。ありがとうございました」

■社会人としての規範意識を育む年度末集会

目白大学人間学部児童教育学科では、毎年、「年度末集会」を開いています。この集会の目的は、教師や児童教育の専門家となっていく学生たちに、「真の社会性」「人間としての品位」を育みたいとの思いからでした。

筆者の脳裏には、カナダのバンクーバーの高校に勤務していたときに参加した全校表彰式の有様がありました。この行事では、アカデミー賞の授賞式のように、校長が軽妙かつ印象的な挨拶をした後、さまざまな賞が贈られていました。ミュージカルの見事な演技をした生徒への「ベスト演技賞」、ボランティア精神にあふれた活動への「社会貢献賞」、スポーツに関する賞などです。これらに加えて、小さな親切やユーモアある言動に贈られる賞もありました。前年度のプレゼンターが授賞の理由を紹介し、受賞者が短いスピーチをします。

こうしたカナダの高校での体験をもとに、児童教育学科の年度末集会を、学生の実行委員と共に企画しました。年度末集会は、次の三部構成で実施されました。

①学生の知的世界を広げる識者による講演

二〇一〇年の講演者は松本逸也氏（目白大学教授、元朝日新聞写真部長）で、東南アジア・中近東での新聞記者としての取材体験や、人生の生き方を講話していただきました。また、鈴鹿勇二氏（元銀行支店長、目白大学事務局長）からは、米国駐在員時代の異文化理解・言語活用能力の大切さ、人としての生き方について話していただきました。

二〇一一年には、伝統カヌーの「ホクレア号」で太平洋を航海し、また日本の高校生の教育の場とした池田恭子氏に、その体験とそこで気づき感じたことを、映像資料を示しつつ語っていただきました。

②表彰式

賞の名称と受賞者は、学生が決定しました。最優秀賞は、年度中もっとも活躍したと学生間で認められた学生に贈られました。「癒した賞」「授業貢献賞」「誰にでも優しいで賞」「陰ながら教室の片づけなど頑張ってたで賞」「字がきれい賞」「うさぎ捕まえたで賞」「ベストドレッサー賞」「来年伸びそう賞」「ポジティブ（yes, we can）賞」「英語発音よい（歌唱力）賞」「ユーモア賞」など、アイディアあふれる賞が贈呈されました。

賞状は手作り、賞品は学科の教員による寄付金で購入された品々でした。学生たちは意外なほど興奮し、喜び、受賞のスピーチでは、晴れがましそうに思いを語っていました。

③懇話会

学生たちに「真の社会性」「人間としての品位」を育みたいとの思いは、懇話会の基調にもなっていました。服装は正装です。男子は背広にネクタイ着用、女子はドレスアップしてくることが原則です。もちろん先生方も正装です。

筆者の海外での生活体験からも、各国では学校や地域の種々の行事の中に、青少年たちに正式の場で礼儀正しく振る舞う習慣を身につけさせる機会がありました。また、国際会議や国際試合などの折には、必ず正装で参加する晩餐会があります。そうしたときの立ち居振る舞いを知っておくことは、グローバル時代の社会人としての常識を身につけることにつながります。

児童教育学科の年度末集会の懇話会は、立食パーティー形式で開かれます。講演者、非常勤講師の先生方、次年度赴任予定の先生方にも参加していただき、学生がさまざまな人々と会話を交わす機会ともなりました。

このときの様子を、学生の編集委員が発行している『児童教育新聞』の記事により紹介します。


二月四日（木）、「研心館」において、児童教育学科の年度末集会が開催されました。今回の集会はこの一年間を振り返る節目として企画され、学生も正装して会に臨みました。

冒頭、児童教育学科長の多田孝志教授より、学科で学ぶことへの誇りや期待について熱い思いが披露され、続いて、外務省主催「グローバル教育コンクール2009」の学校賞受賞の報告、講師によるミニ講話が行われました。

最後に、「授業貢献賞」「ユーモア賞」などさまざまな観点で教育活動に貢献した学生への表彰が行われ、各賞受賞学生それぞれのスピーチでは、会場も一体となって奮闘努力を称えました。集会終了後の懇親会では、学生、教員共々に励まし頑張った一年間の思い出を語り合ったほか、お招きした講師の方々、学校現場の先生方との親睦を深め、実り多き時間となりました。

■子どもが自主運営する架空の町を学校に設置する――岡崎市立城南小学校

筆者の机上に、二人の人間が手をつないでいる姿がデザインされたプラスチック製の数葉のコインがあります。岡崎市立城南小学校の「城南カーニバル」のエコマネー「ジョイナー」です。

同校の実践の先駆性を語ってくれたのは、同校の実践を支援し続けてきたグローバル教育・公民教育の研究者、西村公孝先生（鳴門教育大学大学院教授）でした。

二〇一一年三月、城南小を訪問し、加藤政幸校長、加藤智佳研究主任の両先生と面談して説明をしていただき、西村先生が賞賛する意味を実感しました。

以下は、実践研究の方向がもっとも明確に具現化された一〇月の「城南ＣＩＴＹ　カーニバル」の概要の紹介です。

・「城南ＣＩＴＹ」という架空の町をつくり、三日間、子どもたちが町の運営をする。
・市長を選挙で選ぶ。候補者は四年生以上の学級から出し、二週間にわたり選挙活動する。候補者の町づくりについての演説を聴いて、投票する。
・選出された市長は、実行委員のメンバーとともに「市民憲章」をつくり、オープンセレモニーで読み上げ、浸透させる。セレモニーでは、市長が「市民カード」を児童代表に手渡し、これによって全児童が「市民」となる。
・町には、ハローワークや銀行、清掃局、クリーンセンター、放送局などの公共機関が設置される。地域の名物を販売する「はたらく店」、楽しむための「あそぶ店」が校内各所に開かれている。保護者（おやじの会）による「自転車おまかせ商会」、ＰＴＡが開いた「城南喫茶店」などもある。

この「城南CITY カーニバル」が単なる協働活動にとどまらず、二一世紀の市民育成をめざした先駆的な活動となったのは、「多文化共生社会の中で、未来の形成者として社会をつくっていく子どもをつくる」（西村教授）との理念が基調にあるからでした。それは、以下の活動によって具体化されています。

・困ったときは、学級代表である「市役所員」に声をかければ対応する。
・高学年児童は、校内通貨「ジョイナー」を得るためには、働かなくてはならない。学級で開いた店や、ハローワークで紹介された場所で勤労し、「ジョイナー」をもらうことによって、使うことができるようになる。
・「放送局」では取材、放送原稿の書き方、アナウンサーの仕事を、「店」では接客の仕方をおぼえ、町全体の案内係、清掃、保健所、郵便局、警備などの仕事もし、その業務を知る。
・働くことの意味、公共空間としての町の成り立ち、市民社会のあり方などについて、実体験を通じて、実感をもちつつ理解を深め、主体的な行動力を高めていく。

城南小の実践は、視野が広く先見性のあった岡田要前校長と西村教授の出会いにより開始されたという、研究者と実践者が協働することにより、未来を拓く優れた実践が創造できることを示した、確かに先駆的な実践でした。同校の実践研究で見逃せないのは、日々の授業改善と仲間同士がかかわる場面を重視し、「絆づくり」をキーワードに実践を展開してきていることです。その基調には、筆者の提唱する「共創型対話」の活用がある、とのことでした。

■地域を生かす平和教育――長崎市立滑石中学校

長崎市立滑石中学校は、原爆の悲惨さを伝えるため、地域に残る記憶や被爆の資料を中学生が調査し、伝える活動を展開してきました。長崎市から平和教育の研究委託を受けたことを契機として、各教科・領域での学習活動に「平和教育」を取り入れました。

そうした平和教育の進展として、地域の原爆にかかわる場所を生徒が案内する「滑石中学校平和『さるく』(長崎の言葉で「歩く」)」を開始しました。事前に被爆者の方の体験を聴き、地域を調査しました。当初は校内や地域の人々を案内していましたが、やがて長崎市の支援を得て、市の広報誌に掲載され、それを契機に全国各地のさまざまな人々が参加するようになり、生徒たちが案内するようになりました。

学習活動として位置づけられた「滑石中学校平和『さるく』」の概要を記します。

○学習目標
・戦争や被爆の実相や平和を願う気持ちを理解し、継承する資質と能力
・平和の担い手となりうる心
・自立を確立し、他者を思いやる心情や態度を養う
○学習プロセス
・学習目標づくり
　学習指導要領を検討し、各教科等で、学習目標が位置づけられる内容を検討する。『滑石マナブック』を作成し、「生徒が先生に頼らないで学ぶ方法」の定着をめざす指導を進める。
・被爆者の方の被爆体験談を聴く
　担当教師が、地域の平和史跡にかかわる場所を調査する。
　教師の調査を参考にしつつ、生徒たちが自分たちで調査をする。
　生徒に自主参加を呼びかけ、応募者により「滑石中学校平和『さるく』」を開始する。
　長崎市の広報誌に記事が載り、全国からの参加者を案内するようになる。
○対話活用場面とその効果
・「滑石地区から平和を発信する」との目的で、全国各地からの参加者に各場所を説明する。生徒一人ひとりが各史跡を担当し、詳細に調査し、説明した。この活動により、生徒たちは「語

ること」への自信を高めていった。

・生徒たちは、参加者からの質問にも的確に対応できるように成長していった。また、「さるく」の内容や案内板についての論議も深め、その過程で対話力を高めていった。この背景には、校長先生、担当教師、多くの教職員の支援と、「生徒をほめる指導」があった。

・授業にできるだけ「対話」を活用する教科学習での取り組み、自立と共生を基本理念とした教育活動の推進が、「滑石中学校『さるく』」を充実する基調にあった。

・従前、話し合い活動でほとんど発言がなかった生徒たちが、最近は活発に論議するようになり、成果は学校全体に普及している。

○その後の発展

長崎市の支援もあって、高校との共同活動、留学生との交流、姉妹都市である東京都三鷹市への訪問など、高い評価を得たこの学習活動は、さまざまなかかわりをもち始めた。また、地域の人々との交流機会が増加し、地域に見守られ、生徒が育つ学校となっている。

■自然との対話

三番瀬とは、江戸川の河口付近の干潟および浅海域を指し、千葉県の船橋市、市川市、浦安市、習志野市の沿岸に位置する干潟・浅海域です。

目白大学児童教育学科では新入生宿泊研修会の一環として、この三番瀬に学生を連れて行き、自然観察の専門家の指導のもと、干潟・浅海の生き物の観察をさせています。三番瀬に入った学生たちは、なにげなく見ていた海岸に数多くの生物が生息していることに気づきます。歩き、触れ、生物を採集する活動の中で、自然の豊かさを感得していきました。観察結果を報告し合った後、採集した生物を戻し、さらに協力し合って海岸を清掃しました。

さまざまな対話の中でも、自然との対話は重要な意味をもちます。感じる、気づく、思いを巡らす——自然との対話では、こうした対話の根底となる感覚が練磨されていくからです。

高知県高知市の小学校教師、島崎正能先生は、長年の友人であり、釣りの師匠です。自家用車のトランクの中は多種多様な竿だらけ、時計は潮の干満を知ることができる特別製といった、まさに『釣りバカ日誌』の主人公のような人物です。その島崎先生の、日本沿岸の海流と漁業をテーマとした国際理解教育の実践を参観したことがありました。保護者の多くが鰹の一本釣り関係の職業であることを生かした、斬新な授業でした。この学級の子どもたちがとても明るいのです。教室の壁には、第一回優勝○○、第二回優勝○○と記した短冊が掲示されていました。それは、土曜日午後の釣り大会の結果だということでした。桂浜に近いという学校の利点を生かし、毎週、釣り大会をするのだそうです。そうした豊かな自然を生かした活動が、子どもたちの伸びやかさを育んでいるとも思いました。

教頭に転じた島崎先生は、校長先生と共に、「子どもの遊びの森」も造りました。高知は森林の県です。森をもっている地主さんの協力を得て借用し、道をつけ、小屋をつくり、遊具を作成しました。その協力者を海外ボランティアに求めました。すると、海外から若者たちが続々と高知竜馬空港に到着し、体育館に寝泊まりしつつ、無償で「子どもの遊びの森」づくりに参加したのでした。やがて、森は子どもたちが自然とふれあう憩いの場所となりました。

子どもたちに自然と対話させる——それは日常の小さな工夫でもできるのです。近くの公園に行って植物の丸い部分や三角の部分を見つけさせる、校庭や屋上で目を閉じ、聴こえる音を探す、ビオトープの傍で、体感する風、香る匂いを感じる、といったことです。

筆者自身、雄大な自然の中で清浄な大気に包まれ、心穏やかになったことが多々ありました。三年間住んだブラジルでは、奥地のパンタナルの大湿原で金色に輝くサケ科の魚ドラドに驚き、ユネスコ派遣団の一員として訪問したニュージーランド南島のマウントクックの山麓では流れ星を数え、ガラパゴスでは生物の豊かさに感嘆しました。家族四人で「エベレスト街道」をトレッキングし、一月一日の深夜、煌々たる月光を浴びてそそり立つエベレスト南壁を眺めたことは、生涯忘れ得ぬ思い出です。

自然には、人の心に品位をもたらす何かがあります。子どもたちに、自然とふれあい、自然と対話する機会を、意図的に設定してやりたいものです。

いくつかの旅は一頭のカリブーも見ることなく失敗に終わった。が、自然はぼくの憧れに時折報いてくれるのか、胸が熱くなるような世界を垣間見せてくれた。数十万頭というカリブーの大群が、何度か、ぼくのベースキャンプを通り過ぎていったのである。

（星野道夫『ノーザンライツ』新潮文庫 二〇〇〇年 二一二頁）

国際理解教育学会実践研究委員会担当理事の鎌倉宿泊研究会でのことです。各参加者がさまざまな実践事例を語り始め、時のたつのを忘れました。二一世紀の学習のあり方を示唆する二つの事例を紹介します。

今田晃一先生（文教大学）は情報教育の実践型研究者であり、大阪教育大学附属池田中学校の研究主任をされていたときに筆者が招聘されて以来の研究仲間です。いま今田先生は、「iPad」を活用した授業研究に取り組んでいます。今田先生によれば「iPad」活用の目的は、①知識・理解の定着、②技能習得・学びの補完、③イメージの補充、④相互啓発、にあるとのことでした。実際に映像を見せてくれながら、「子どもが互いに教え合う協働学習」としての活用方法を説明してくれました。たとえば、「合戦絵図屏風」を拡大して細部を見る、交通安全の視点から地域の地図を見る、といった活動ができることを例示してくれました。

今田先生は、このうち④の「相互啓発」こそとくに重要で、互いに発見したこと、気づいたことなどを出し合うことにより、視野の拡大や思考の深化が期待できると語ってくれました。拡大・縮小が自在な「iPad」を活用した授業は、新たな対話の活用方法を示しているように感じました。

山西優二先生（早稲田大学）の物語『森人トテテ・テーテの旅〜人間の世界をめぐる〜』は、とてつもなく面白い実践事例でした。山西先生は、卒業生ゼミをもっているということです。卒業生たちが自主的に集まり、研鑽している、このこと自体が希有なことですが、世界を巡る冒険者であり、柔軟な発想力、広い学識をもつ山西先生ならではのことでしょう。さて、その卒業生たちの物語づくりをしたのです。山西先生もメンバーの一人として参加しています。担当は、「年をとる」のパートだそうです。以下は、資料の「はじめに」に記された活動の概要です。

まずメンバーのひとりひとりが、自分に関心あるテーマを見つける。そのテーマは、たとえば「助ける」「忘れる」「学ぶ」といった、身近な「動詞」である。そしてそのテーマで、他の人に意見をもらいながら、短い物語を書く。主人公は、全員の物語が同じ主人公。最終的には、それぞれが書いた小さな物語がつながり、とある主人公の、ひとつの大きな物語となる、というものである。

このプロジェクトの大きなねらいは、ファンタジー物語をつくることを通して、私たち自身の、あるいは私たちの社会の「当たり前」を問い直すということである。

さて、『森人トテテ・テーテの旅』ですが、「トテテ旅の始まり」→「エコロの街」（守る）→「受け継がれる歌」（奏でる）……と物語は続いていきます。社会に出た卒業生たちが、その多様な体験を生かしつつ、物語を共創していく——この事例には、人と人、人と社会がつながることの根源的なテーマが流れているように感じました。

この章の最後に、グローバル時代の対話力を育成するための効果的な学習方法として、「グループスピーチ」の進め方・手順を記しておきます。「グループスピーチ」とは、課題を設定し、問題解決・調査探究に全員が参加・協働し、結果を分析し、多様な方法で報告・提言する活動です。筆者は、対話を活用したさまざまな授業の総括として、学生たちにグループスピーチに取り組ませてきました。

〔グループスピーチの進め方〕

○イメージづくり

各グループが自分たちの活動の全体的なイメージをつくるため、まず以下の「スピーチの六類型」を示しておく。各チームではどの型を中心にして活動するのかを、仮に決めておく（複合型でもよい）。また、前年度の先輩が報告・提言したグループスピーチを視聴させ、イメージを高めておく。

①「提言・主張」型スピーチ…〈例〉地球環境をよくするための提言
学生食堂の改善策

②「報告」型スピーチ………〈例〉老人ホームを訪問し、気づいたこと、考えたこと
ペットフードの比較結果

③「説明」型スピーチ………〈例〉最新の携帯電話活用法
ダブルダッチの縄跳びの遊び方

④「朗読」型スピーチ………〈例〉名作（物語・詩・エッセイ）の朗読、挿絵の活用
自作の朗読、群読（ＢＧＭの効果的使用）

⑤「創作」型スピーチ………〈例〉創作劇「白雪姫の真実（女性心理の視点から）」
ビデオレター・紙芝居の作成

⑥「快楽」型スピーチ………〈例〉私たちの出会ったユニークな人々
レポート「私は見た。○○君が△△をするのを」

○テーマについて

・すぐに結論が見えてしまうような浅いテーマではなく、参加者が挑戦心をもち、全力で取り組むような奥行きのあるテーマであること。

・インターネットや文献で容易に調べられる内容でなく、実地調査等の多様なリサーチが必要なもの。
・聴き手が関心をもち、自分たちも身近に感じられるものであること。
・独自の視点や提言が打ち出せるテーマであること。

○テーマ決定までのプロセス

①各自が調べたいこととその理由を出し合う
②活動条件を確認する
・時間（発表・報告時間）
・役割分担（全員が役割をもつ）
・場所・機器（発表・報告の場所、使用できる機器の確認）
③プロセスへの展望をもつ
・大まかな見通しを立てる。構想を練る。
④課題の絞り込み
・各自の意見を持ち寄り、ランキングにより、グループとしての課題を決める。
・視点（具体的で、ぜひ調べたいこと。必要感。具現性）
・聴き手の関心、グループ参加者の希望なども勘案する。

⑤課題の設定

・具体的テーマの設定

・共通理解の重要性

・問題点や課題をつかむ

・役割分担（特性を生かす）

・グループ研究計画表・行動表の作成

○調査活動と調査結果の分析

・分担し、また協力し合って多様な方法を駆使して調査する。

・調査を通して、「分かったこと」「疑問点」「いま考えていること」を記録しておく。徹底したリサーチワーク（調べること）が必要。リサーチの質が説得力にかかわっていく。

例：調査項目を決めるためのアンケートをとる、インタビューをする

文献で調査する、新聞記事、雑誌の特集、テレビ番組を視聴して調べる

実地調査する

・さまざまな情報を分析・考察し、自分たちの主張や見解・提言を明確に出す。

・リサーチで得たことから感じたこと、考えたことを出し合う。

・何をみんなの前で報告したいかを絞り込んでいく。

・自分たちが主張したこと。訴えたいことを話し合いで決めていく。

○発表に向けて

・多様な表現方法を検討する。

例：架空の物語の創作、架空座談会、再現（現地レポート、所作等）、クイズ方式

ポスターセッション、劇化、朗読・群読、映像化、実物提示　など

・役割分担し、複数以上の表現方法を組み合わせてプレゼンテーションする。

ポイント：調査結果の明確な提示、自分たちの見解・発見・気づきの紹介

調査を行った体験からの主張・提言の発表

全国各地では、先生方が悩み呻吟し、試行錯誤を繰り返しつつ、対話型授業に取り組み、創り上げた優れた実践が多数開発されています。次章では、それらを紹介します。

5章 対話型授業の実践事例

全国の各地を訪ねると、優れた実践を展開している学校が多々あり、日本の学校教育の質の高さを実感させられます。富山県砺波市の吉江中学校を訪ねたときです。校舎の中央に、舞台と階段・広場を組み合わせたすり鉢状の学習空間があることに感心しました。島はるみ校長先生によると、この学習空間は、「ことばと想像力を身につけ、人とよりよくかかわって、『自ら学ぶ生徒』をテーマとし、『響き合う』『学び合う』という同校の重点目標を具現化する有用な場所である」とのことでした。校長室が分からず校舎内を迷っていたとき、案内してくれた中学生たちの親切さと礼儀正しい言動に、その成果を感得しました。

千葉県市川市立福栄中学校では、全校生徒に講演した後、担任の佐藤洋子先生の配慮で、特別支援学級の生徒たちに歓迎の演奏とスピーチをしていただき、感激しました。

岐阜県北西部の山間部に位置する坂内小中学校を訪ねた折には、児童生徒合計一六人の子どもたちに少人数のよさを生かした対話指導が行われているのを参観し、「教育改革は地方から」を実感しました。埼玉県立岩槻高校では、一年生三一七人に体育館で、「地球の未来を担う」をテーマに授業をしました。猛暑の日、一〇〇分間の授業でした。真剣に聴き入り、また震災・高齢化社会・エネルギー問題などの課題について真摯に語り合う生徒たちに、未来への希望を高めることができました。

富山県氷見市の久目小学校（米田典子校長）では、一二人の六年生に、対話力を高める授業をしました。

一週間ほどたったある日、筆者の自宅の郵便受けに、子どもたちからの手紙が入っていました。書斎で一人ひとりの手紙を丁寧に読みながら、頬の赤い、澄んだ目をした子どもたちの表情を思い浮かべていました。以下は、その抜粋です。

- 大きなナマズの話、すごいなあと思いました。一メートルもあるミミズの話にはおどろきました。
- 葉に乗って川を渡るアリは頭がいいんだと思いました。
- 教室に入ったら、先生が「楽しむ」という字を黒板に書かれました。少しびっくりしましたが、今日の授業は楽しくて、いつもは発表しないけど、先生の授業では、みんなの前で発表しようという気持ちになれました。
- スピーチの時、先生がうなずいたり、笑ったりしていたので、心がホッとしました。

・スピーチはとてもきんちょうしましたが、「不安を楽しむ」ということができてよかった。
・スピーチでぼくは泣いてしまったけれど、最後まで言うことができてよかったです。
・なにも書かないで発表するのは初めてでした。ドキドキしたけど、うまく言えてよかったです。
・みんなと相談するのが恥ずかしかったけれど、すんなりしゃべれてよかったです。

本章では、全国各地で出会った教師たちによる対話型授業の実践事例を紹介します。紹介する事例は、筆者自身が授業を参観し、また授業の構想や展開について授業者と語り合ってきた事例です。直接参観できなかった事例も二、三、紹介していますが、それらも授業記録をＤＶＤで視聴したり、授業者と対話に関する指導の工夫や子どもたちの様子を語り合ってきています。

できるだけ詳細に紹介したいのですが、紙幅に制限があり、実践事例の全体を引用することはできません。よって、「対話にかかわる部分」について、要約したり抜粋したり、若干の補説を加えつつ紹介します。

また、紹介する事例は本時の展開を中心としますが、事例によっては、学習計画全体の引用の場合もあります。

なお、実践事例の紹介は、おおむね次の項目としました。「実践の概要」「学習目標」「学習プロセス」「対話活用場面」「対話を充実させるための工夫」「その他・今後の発展」です。ただし、対話指導の実際をできるだけ分かりやすく紹介するため、実践事例によっては、これらの項目名も多少異なり、また記述内容も、必ずしもすべてが同じ傾向にならないこともあります。

それでは、全国各地の先生方が、子どもたちの対話力を高めるために未知の分野に果敢に挑戦し、さまざまに思いを巡らし、工夫して創り上げた、対話型授業の実践事例をご覧ください。

1　小学校の実践事例

(1) 小学校一年 道徳（内容項目：思いやり）『はしのうえのおおかみ』

（島根県出雲市立伊野小学校 伊藤智美教諭の実践）

① 実践の概要

読み物資料『はしのうえのおおかみ』を読み、登場する動物たちの心情について、まず、自分の考えをもち、次に友達と話し合う。さまざまな補助教材を活用し、臨場感が高まるように工夫した。また、自分の考えをもつ時間を確保した。話し合いを通して、「思いやり」について子どもたちが深く考えていくように展開した実践。

②　学習目標

・道徳の時間としての目標……意地悪やわがままをしないで、相手のことを思いやり、親切にしようとする心情を育てる。

・「対話」に関する目標……おおかみの気持ちを考え、自分の思いを自由に話したり、友達の話を聴いたりしようとする態度を育てる。

③　学習プロセス

「もりのくまさん」を歌う↓資料『はしのうえのおおかみ』を読み、話し合う↓通せんぼするおおかみと渡れなかった動物たちの気持ちを考える↓くまに出会ったときのおおかみはどんなことを思ったか想像する↓くまに反対側に渡してもらったときのおおかみの気持ちを想像する↓くまの後ろ姿を見ながらおおかみはどんなことを思ったか、考える↓自分が親切にされた体験を話し合う

④　対話場面

・おおかみやいろいろな動物の気持ちを考える場面

・おおかみの気持ちの変容について話し合う場面

⑤対話を充実させるための工夫
・雰囲気づくりのため導入時に「もりのくまさん」を歌った。
・紙芝居で話し合う場面を見せた。
・いろいろな動物のペープサートを使って役割演技をしながら、気持ちを考えさせた。
・実際に渡れる丸太を用意し、担任がくま役になり児童がおおかみとなり、反対側に渡す場面を体験させた。児童は実際の場面をイメージするのに効果的であった。
・ワークシートを使用し、個人思考の時間を十分とるようにした。
・二人組での話し合いの場面と学級全体の話し合いを組み合わせた。
⑥その他
・月ごとの話型習得の目標を立て、通年を通して指導してきた。
〈例〉「～です。なぜかというと○○○だからです。」
「○○さんにさんせいです。わたしも～だとおもいます。」
・自分の考えをもつ力を日常から高める工夫をした。また、人の話と関連づけて話せるようになる指導を心がけてきた。
・一四人の学級のよさを生かし、日ごろから五～一〇分程度、全員で自由に話す時間を設定するようにした。回を重ね、また個別に勇気づけると、全員が話すようになってきた。

(2) 小学校二年 国語「あったらいいな、こんなもの」

（東京都江東区立東雲小学校 広瀬修也教諭の実践）

① 実践の概要

『ドラえもん』の秘密の道具を参考に、一人ひとりが、自分が「あったらいいな」と思う発明品を、絵や説明文で表現する。二人組になり、お互いに説明し、また質問し合う。友達に気づかされたことを生かして、よりよい説明ができるようにしていく。

② 本時のねらい

・国語科としての目標……「あったらいいな」と思うものについて、友達と質疑応答することで詳しくなるよさを知る。

・「対話」に関する目標……自分の伝えたいことを分かりやすく話し、最後まで聞いて質問する。

③ 学習プロセス

めあての確認→自分の考えた発明品を確認する→二人組になり、考えた発明品を説明し合い、互いに質問や意見を出し合う→気づいたことを書き加える→話し方や聞き方について自己評価し、「がんばりカード」に書き入れる

④対話場面
・共創型対話場面……二人組になり、互いに質問や意見を出し合う。
・自己内対話……友達に意見や質問を聞いて、気づいたことを書き足す。
⑤対話を充実させるための工夫と子どもの変化
・「発明シート」を音読し、自分の意見をはっきりさせた。
・話し合いのルールを確認させた。
・二人組の話し合いの途中で、何組かの話し合いの様子を紹介した。
・話し合いの成果を内在化させるため、自己評価させた。
⑥その他
・話し合いの力を高めるため、思い浮かべた動物を質問して当てていく活動、発声力を高める活弁練習、生活科で育てたミニトマトの様子や住んでいる地域について発表し、質問を受ける活動などをさせてきた。

(3) 小学校二年 生活科「あしたへのジャンプ」

（東京都江東区立八名川小学校 花田環世教諭・村中裕佳教諭の実践）

①実践の概要

小学校低学年における、持続発展教育（ＥＳＤ）を重視した実践。自分自身の成長を振り返り、多くの人々に支えられて大きくなったことを知り、これまでの成長を支えてくれた人々に感謝の気持ちをもつとともに、これから前向きに生きていこうとする意欲を高めようとした。さまざまな人々とのふれあいの機会を設定した。

〈ＥＳＤの学習で重視する事項〉……問題を見出す力、計画を立てる力、分かりやすく表現する力、振り返る力、実生活に活かす力

②本時のねらい

幼児に触れ合ったり、お母さんたちの話を聴いたりして、自分の成長に関心をもつ。

③学習プロセス

小さいころの衣類と現在の衣類を比べ、赤ちゃん時代と今の大きさの違いを知り、成長への関心を高める→赤ちゃんとお母さんたち六組と交流する。お母さんたちから赤ちゃんを産むまでの様子を聴く→お母さんたちに質問をする→赤ちゃんたちに触れる→感じたこと、考えたこ

とを発表する→自分が生まれたときのことについて調べたいことをワークシートⅡに記入する

④対話場面

・お母さんたちとの質疑応答

・赤ちゃんに触れさせてもらう活動

⑤対話を充実させるための工夫と子どもの変化

・事前に保育園訪問をし、幼児と触れ合ったり保育園の先生から話を聴いたりする機会を設けた。

・グループに分け、質疑応答をしやすくした。

・机と椅子をなくし、赤ちゃんやお母さんに近づきやすくした。

⑥その他

・三年生へのインタビューをし、人とかかわりながら成長する意欲をさらに高める。

・自分の調べたことを発表する方法を工夫させ、また発表の機会を設定する。

・友達の発表を聴いて、参考にさせ、表現力を高める。

・家族から手紙を書いてもらい、支えられてきた自分を自覚させ、また調べたことへの達成感を味わせる。

(4) 小学校三年 理科「ものの重さをくらべよう」（岐阜県大垣市立興文小学校 福井謙太郎教諭の実践）

① 実践の概要

実験を通して、形を変えても「ものの重さ」は変わらないことに気づかせる。グループで実験させ、その結果を検討したり、他のグループと比較させ、話し合うことにより対話力を高めていく。

② 本時のねらい

・理科としてのねらい……ものの形を変えたときの重さを調べ、その重さを比べることによって、実験結果からものの重さは変わらないと考えることができる。

・「対話」に関するねらい……実験結果を表にし、それをもとに分かったことを考え、説明し合うことによって、自分の結果だけでなく、仲間と結果の比較をしながらまとめることができる。

③ 学習プロセス

課題の確認「形が変わると、ものの重さはどうなるだろうか」→予想する→もとの形のときの重さや、形を変えた後の重さを量る実験をする→調べた結果から分かったことを、班でまと

める→各班の結果を一覧表にまとめる（まとめの文章を書く・まとめの文章が説明できる）→全体で話し合う

④対話場面

・予想場面、実験場面、実験結果のまとめの場面、発表のための準備場面

⑤対話を充実させるための工夫と子どもの変化

・予想場面……予想の書き方の分からない児童には、「きっと～だろう」「わけは～だから」の話型を指導する。

・実験場面……缶、ペットボトルなど、変形できる多様な品々を集めさせた。

・まとめ・準備場面……口頭説明の仕方、説明文の書き方や図の描き方などについて、聴き手に分かることを目標に検討させた。

⑥その他

・科学的思考を高めるため、調べる条件、調べる内容を明確にし、数値に基づいた説明ができるようにした。

・変形については、平たくする、ちぎる、丸めるなど、さまざまな状態での実験をするようにさせた。

(5) 小学校四年 国語「見方を変えて話し合おう――『便利ということ』」(一七時間)
(東京都足立区立本木東小学校 古谷理恵教諭の実践)

① 実践の概要

自立と共生を基調にした人権教育の実践。教材文『便利ということ』を読み、ポスターセッションで報告する。

障害者や高齢者の生活について知り、「便利」ということについて、相手の立場になって考えることができる。

② 単元の目標

読み取ったことをもとにしながら、調べたことを整理し、聴覚障害者にとって便利なことについて読み取り、考えを深める。

③ 学習プロセス

教材文を読んで感想を話し合う→身のまわりの便利なもの・不便なものを探す→ポスターセッションの方法を知る→ポスターセッションを作成し、報告する→感想を書く

④ 対話場面

・光チャイムが聴覚障害者にとってなぜ便利なのかを話し合う。

・自分にとって便利でも、他の人にとっては不便なものについて話し合う。

⑤対話を充実させるための工夫と子どもの変化

・教材文で読み取ったことと、自分たちで調査したことを共に活用することで、実感をもった対話ができた。

・異なる視点から、ものごとを見ることの大切さを感得させた。

⑥その他

・人権教育の研究として、共感的理解、承認と受容、思いやり、相互啓発、ボランティア精神を重視した実践を継続してきた。本実践においても、その成果が現れていた。

(6) 小学部四・五年生 道徳（自立活動）「自分の生涯について考えよう――交流について考えよう」

（東京都立葛飾ろう学校 長谷川めぐみ教諭（T1）・香丸純子教諭（T2）の実践）

①実践の概要

ろう学校四年生と五年生の合同授業。ふだんから、近隣の小学校の児童と交流活動をしている。子どもたちは全体としては楽しんでいるが、ろう学校の児童であり、子どもたちは、思うように伝えられない残念さももっている。交流活動において、ともすると「お客様」で終わっていた。ろう学校の先生方は、もっと対話を深める活動にし、小学校の児童や先生に、聴覚障害者について少しでも理解を深めてもらうとともに、ろう学校の子どもたちに自信をもたせたいと願った。そこで、次の交流機会に向けて、対話場面でどういう工夫をしたらよいかを話し合わせた。

② 本時のねらい

・小学校との交流活動を振り返り、楽しさや課題に気づく。

・聞こえる人とよりよいかかわりをしていくために、どうしたらよいかを考える。

③ 学習プロセス

あいさつをする→今までどんな交流をしたか思い出す→楽しかったこと、小学校の友達と話した体験を発表し合う→小学校の友達ともっと話したいとき、どうしたらよいか話し合う→次の交流機会に、どんな話をどうやってするか考える。発表もする

④ 対話場面

・これまでも交流している小学生と、先生に通訳してもらわないで、直接話すための工夫について話し合う。

⑤対話を充実させるための工夫と子どもの変化

・以前の交流場面（学年交流やクラブ活動）について思い出させ、イメージしやすくした。
・小学生との話し合いで、うまく通じず、困ったこと、辛かったことを思い出させ、それへの対応策を考えさせたので切実であり、「手話や指文字を覚えてもらう」「書いて話す」など、さまざまな具体的な手立てが発表された。
・終末に、次回の交流への決意を語らせ、意欲を高めた。

⑥その他

・小学部では、体育や道徳などでは、異年齢での合同授業を進めている。このことにより、多様な人々とかかわりをもつ素地づくりを意図している。
・ワークシートを事前に配付した。項目は、「どうしたら、小学校の友達ともっと話ができるようになるでしょう」「今度、交流に行ったら、どんな話をしたいですか」「話すために、あなたは何をしますか」であり、子どもたちが何を考えていったらよいかが明確にされていた。
・少人数（四年生四人、五年生五人）のよさを生かし、教師が一人ひとりを大切にした授業を展開していた。

(7) 小学校五年 図画工作「絵を解きあかそう——みる・かんがえる・はなす」

（東京都台東区立台東育英小学校 保坂亮子教諭の実践）

① 実践の概要

絵画作品の鑑賞をさせる。感情・思考を生み出しやすい、謎めいている美術作品に出合わせる（作品名：ベン・シャーン『赤い階段（The Red Stairway）』）。「これは一体なんだろう？」といった疑問や「不思議」ということばをキーワードにしてトークをスタートさせ、謎を解き明かすスリルを感じさせることで、トークへの期待感をもたせる。教師がファシリテーターになって作品と子ども、子どもと子どもの対話を全体交流でつないでいく、対話型鑑賞を進めた。

② 本時のねらい

美術作品を観て感じたこと・思ったことを話し合い、作者の思いについて考えようとする。

③ 学習プロセス

作品を観て、作者の意図を想像したり、感想を出し合ったりする→なぜそう感じたか、理由を述べ合う→人物・景色・色彩など、友達が気づいたこと、考えたことを互いに知り合い、高め合う→作者の思いをみんなで話し合う→自分の鑑賞の変化を確認する

④ 対話場面
・作品を多様な視点から鑑賞し、意見交換して高め合う。

⑤ 対話を充実させるための工夫
対話を促すための、次のような働きかけ（教師の発問やコメント）を重視する。
・「開かれた質問」でスタート……導入では、一つの答えを導き出すのではなく、誰にでも答えられるような質問をし、各自の思いや感じ方を自由に話せるようにする。
・思考のための助言……児童が考えやすいように、作品を観る視点を例示する。
・共感……「おもしろい意見だね」「いいことに気がついたね」などのコメントをする。
・発言の掘り下げ……「何を見てそう思ったの？」など、理由を明確にさせる。
・多様な意見が出るように……「他に意見はありませんか」「つけたしは？」
・対話のための焦点化……「今の意見について考えてみよう」など、話題を絞る。あるいは、共通項を整理して話題を方向づける。
・話題の転換……別の視点やツールを提示して、多面的に考えさたり見方を深めさせる。
・揺さぶり……児童と異なる解釈を示したり、意外性のある重要な指摘をする。
・情報の提示……作品への愛着を深め、理解を促すための作品や作家についての解説を、必要に応じて伝える。

⑥　その他

・小さな作品なので見やすくする。また、みんなでひとつの作品を囲んで見るような一体感を味わわせるため、絵を取り囲むような座席配置にする。

・作品の意図に近づくような、ヒントになるツール（美術鑑賞の方法）を示して、思考の手助けをしたり、見方や感じ方を深めさせる。

(8) 小学校五年　総合的な学習の時間「国民ＳＨＯＷ！」
（東京都台東区立千束小学校　洞口奈緒子教諭の実践）

①　実践の概要

「自分の思いや考えを情報や根拠に基づきながら相手に発信する力」の育成をめざした実践である。まず、各自が調査し、その結果を持ち寄ってグループで話し合い、外国の文化や生活習慣について調べ、日本との共通点や相違点を発信する。その過程で、異文化理解や対話力を高めていく。地域に住む外国人や外国人観光客などにインタビューをしたり、文献資料で情報を集めるなどして、それらを活用し、さまざまな国について、グループごとに全体の前で紹介し合う。

②本時のねらい

各グループ内で、一人ひとりが調べてきたことを報告し合い、さらに調査して深めたり、広めたりするための方法をグループで考える。

③学習プロセス

各個人が調べたことを短冊に記したキーワードをもとに報告し合う→質問し合う→互いにアドバイスする→さらに追究したほうがよいことを決める

④対話場面

・グループとして、さらに調べ、追究することを決めていく。

⑤対話を充実させるための工夫と子どもの変化

・調査したことを短冊に書き、グループ内での話し合いのきっかけとする。

・各グループの話し合いの場所を、他のグループとできるだけ離した。

・自分の考えが変化していったことを自覚させる時間を設けた。

・批判や異見を奨励させた。

⑥その他

・外国人が多数訪れる観光地・浅草の利点を生かすようにさせた。

(9) 小学校六年　外国語活動「イベントを成功させよう」

（東京都江戸川区立鹿骨小学校　須山和香奈教諭の実践）

① 実践の概要

簡単な英会話を通して、自分たちが行いたいイベントを創り上げるという設定の学習。既習の "Do you like ～?" "Do you have ～?" に加え、新しく学習する表現 "Can you ～?" を習得させ、児童が使う用途を考え、目的をもって聞いたり話したりすることで、日常生活においても英語を活用できることを実感し、外国語を学ぶ新たな価値に気づく機会とした。新しく知った表現だけにとらわれることなく、児童が目的をもって、活動の中で使いたい文やことば、ジェスチャーなどで表現し、教師が必要な英語を示すことで、自分の伝えたいことが英語で伝えられる喜びや、友達からの質問、会話をよく聞こうとする心情を育てることを意図した。また、三つの表現を状況に応じて選んで使用することで、言語を用いてコミュニケーションを図ることの難しさと大切さを実感させることも意図した。

② 単元の目標（抜粋）

・さまざまな表現を使うことで目的を果たすことができることに気づき、より積極的にコミュニケーションを図ろうとする。

・使いたい表現や語句を選択し、自ら進んで楽しみながら聞いたり話したりする。

③ 単元指導計画の概要

1次：「自分のできること、できないことを紹介する表現を知ろう」
"Can you ～?" "Yes, I can. / No, I can't." の表現を知る。
2次：「"Can you ～?" の表現は、どんな場面でどんな時に使うかを考える」
3次：「イベントを企画しよう」――グループで考え、イベントの出し物を決める。
4次：「イベントの企画を完成させよう」（本時）
（目標）・今まで学習した表現を選択し、自分たちが成功させたいイベントの協力者を募ったり、友達に聞かれたことに快く答えたりしようとする。
・英語を使ってイベントの企画を成功させることで、ことばの価値や大切さに気づき、よりコミュニケーションを図ろうとする意欲をもつ。
（本時の展開）
〈導入〉本時のめあて「三つの表現を使って、イベントを完成させよう」を知る。
・Can you ～？ Yes, I can. / No, I can't.
・Do you like ～？ Yes, I do. / No, I don't.
・Do you have ～？ Yes, I do. / No, I don't.

の三つの表現に慣れ親しむ
〈展開〉イベントの協力者を集める。

〔前半〕三つの表現を使い、自分の担当する出し物の協力者を集める。

〔作戦タイム〕経過を報告し合い、後半に尋ねたい相手を考え、「作戦」を練る。

〔後半〕作戦タイムを生かし、三つの表現を使い、再び協力者を集める。

〈まとめ〉グループごとに、自分たちのイベントの企画ができたかどうかを発表する。

慣れ親しんできた英語表現や単語を使わせる。教師が補説する。

（T：The program which we thought about was ……）

（C：(ex.) baseball, unicycle, soccer, kendama, and parfait. ……We can do it. Thank you.)

本時の振り返りをする。

④対話場面
・英語表現を使って協力者を集める活動。作戦タイム。まとめの報告活動。

⑤対話を充実させるための工夫
・英語の表現のみで、友達と協力して何かを創り上げることができたり、目的に応じた表現を選んで使用したりすることで、コミュニケーションの喜びを感じ取らせる。

・「予想ゲーム」で表現に慣れさせ、また楽しい雰囲気をつくる。
・「作戦タイム」をとり、表現を工夫させる。

⑥　振り返りカードからの抜粋

・“Can you ～?”は、can は「できる」という意味で、you は「あなた」という意味だから、日本語で言うと順番は違うけど、外国では、この順番が当たり前なのかと思った。“Do you like ～?”や“Do you have ～?”もいっしょだった。
・“Can you ～?”と“Do you like ～?”と“Do you have ～?”の三つの表現だけで、イベントをつくれることができて、すごいと思った。
・何かを聞くときに使う英語と、それに答える英語を学習して、使い分けたりするのが難しかったけど、答えたりして楽しかった。

(10)　小学校六年　総合的な学習の時間

（島根県安来市立広瀬小学校　荒川仁美教諭の実践）

①　実践の概要

平和について子どもたちが情報を収集し、分析し、伝えたことを選定し、効果的な表現方法を検討し報告した実践。そのプロセスで多くの人々とつながりを求め、多様な人々と対話したり、自分を振り返ったり、相手の考えを認めたりし、考えを深めていった。対話を皮相的にしないために、深く考え、意見を出し合う場面を設定した。

実践の基調に下記の指導観をおいた。「平和とは、誰かが作り出してくれるものではなく、単に物が豊かにあることでもない。平和な世の中を築くために大切なことは何かということについて、自分の問題として向き合い考えさせたい。一人ひとりが心の内に生み出す平和観をより研ぎ澄まし、仲間と共にしっかりと手を結ばせ、平和で希望ある未来を創っていく認識を深めたい。さらに、当事者意識を育み、平和を維持・発展させる主体的な意識を高めてほしい」。こうした教師の平和についての認識や指導観が子どもたちの対話を拡充させた。

② 単元のねらい

日本の過去の戦争や世界で起きている紛争について調べたことをもとに対話し、それを通して平和についての考えを深め、平和な世界を築くために自分にできることを考え、実行に移す。

③ 学習プロセス

次の三つのステージにより、「平和探求ストーリー」を展開する。

第1ステージ……修学旅行と関連を図り、第二次世界大戦における日本について調べる。

第2ステージ……世界各地の戦争で苦しんでいる人々について調べていく。

第３ステージ……平和について対話し、認識を深め、自分たちができることを考え、実行していこうとする意欲を高める。

④対話場面

学習の各ステージのプロセス、また授業中の各場面で、意図的に対話機会を設定する。

⑤対話を充実させるための工夫と子どもの変化

・日ごろから、話し合うことで〝実る〟〝よりよく変わる〟自己を意識させる。対話をすることで学習がより深まり、「分かった」「見えた」「想像がふくらんだ」「考えが深まった」という実感を体験させる。また、対話を振り返らせることを日常化し、自分たちの話し合いを振り返ることで、対話技能を高めていく。

・つながる話し方を活用させ、またスピーチ活動を「対話型」にする。「○○さんは……と言いたいのですね。それで、私は……」「意見を聞いて、私は……」などのつながりを示すことばを進んで使うよう仕向ける。また、スピーチ活動を「対話型」とし、スピーチ後の質問の励行など、聴き手の「聴く力」を育てる。

・論議を深めるための工夫

一人ひとりの中に「伝えたくてたまらないもの」をつくることを大切にする。さまざまな意見を結びつけ、新たな意見をつくる。一つの結論に満足させず、さらに深く考えさせる。

教師のコメントにより、論議の幅を広げる。

〈子どもたちが書いた、授業を振り返っての感想（抜粋）〉

・意見を聞いていると、「○○さんと○○さんは、つながっている」と思ったり、「○○さんと○○さんは、全然違う」と思ったりしました。

・「最終的に願っているものは、みんな同じ」という意見には、とても納得しました。

・「これは絶対」とは決めつけないで、今日みたいに意見を聞いているうちに、自分も変わるということも大切だと思います。

・こんなふうに討論をする機会がないと思います。でも中学校では、ぼくはHさんのような意見が言えるようになりたいです。

・平和にたどりつくのは難しいということに気づきました。

・今回は、違う考えを聴くことができて、最初とは違い、私の考えも深まりました。

・とてもいい討論会でした。みんなで話し合いをして、自分の心が豊かになってきました。それは、いろいろな角度から見た「豊かさ」を知ることができたからです。

⑥ その他

〈授業を終えて（荒川先生の文章の抜粋）〉

子どもたちは考え込み、さまざまな発言をしました。それらは、水や食料、健康や安全といった人の命を支えるものが十分にあること。差別や偏見がなく、お互いの違いを分かり合い認め合うこと。家族や友達がいて戦争や争いがないこと。この三つにくくられました。子どもたちの語ることばには思いがつまっていて、重みのあるものでした。最後に驚いたのは、Hさんという女の子の発言でした。「みんなの意見を聞いていたら、考えたことがある」と語りだし、これらは、「豊かさの中間地点」なのではないか、というのです。その中間地点は、国によって異なるかもしれないが、最終的な「最大の豊かさ」は共通していて、世界がひとつになることだと思う、というのです。これは、予想していなかった発言でした。子どもたちも一瞬、沈黙したように思いました。

2 中学校・高校の実践事例

(1) 中学校一年 社会科「江戸時代になり、よい社会になったかを考えよう」

（愛知県豊田市立下山中学校 社会科担当教員たちの実践）

① 実践の概要

個人の学習課題追究の結果を生かし、グループ内で相互発表させ、対立点を明確にし、江戸時代について、「よい社会か、悪い社会か」を、論拠を明らかにしつつ対話させた。さらにグループでの話し合いの報告を受け、学級全体で論議させた。

社会科の教科目標を高い次元で達成することをめざし、対話を通して、他者と学び合い、考えを深め、視野を広め、新たな知見を共創することをめざした実践である。

②ねらい

・さまざまな社会的事象の中から課題をつかみ、主体的に追究して自分の考えをもち、対話を通して学び合い、考えをさらに深める。

・江戸時代についての視野を広め、新たな知見を生む。

③学習プロセス

学習課題を知る→江戸時代についての課題を一人で調べ、よい社会になったか、悪い社会になったか、自分の意見をまとめる→グループ内で個人の考えを出し合い、対話する→学級全体で話し合う→新たな知見・気づいたことをまとめる

④対話場面

・グループ内で、一人で調べた結果を発表し合い、それをもとに、付箋を使って対立点を整理し、考えを深め合う。グループの報告を受け、学級全体で話し合う。

⑤対話を充実させるための工夫と子どもの変化
・学習課題に工夫をし、追究意欲を高めた。
　既に学習した事柄と矛盾する事実との出合い。
　事実と事実の間に存在する矛盾との出合い。
　自分の価値観と対立する各時代の価値観との出合い。
　新しい事実や知的好奇心を揺さぶる資料との出合い。
・対立点を整理し、対話させ、自分の考えと友達の考えを比べさせ、そこから視野の広がり、新たな知見の発見を促進させた。
・生徒たちは、当時の身分（武士、農民、商人等）によって生き方、考え方、生活の仕方が違うこと、よい面と、悪い面が共存することなどに気づいていった。また、鎖国と出島、「えた・ひにん」の存在などあらたな知識や知見を広めていった。
⑥その他
・グループや学級により、深く追究できた授業がある一方、時代に生きた人々の思いに迫れない授業もあった。教師の指導のあり方をさらに検討したい。

(2) 中学校一年 国語科と外国語科との教科横断的言語活動
「生活と言葉――大仏様は『にっこり』しています」
(埼玉県川島町立西中学校 比島順教諭の実践)

① 実践の概要

国語科と外国語科の言語学習、文化理解等の共通点に着目し、また両教科の担当教員の専門性がとくに必要とならない学習内容を選択した実践への試みである。具体的には、国語科「伝統的な言語文化」と、外国語科「言語文化に対する理解を深める」を関連させた実践を行った。教材文を読み、日本語の語彙について考えさせ、ＡＬＴにオノマトペを含む「大和ことば」の意味を説明させ、またＡＬＴにも母語ポルトガル語の特徴あることばを説明してもらい、ことばを通した文化理解を深めていく。

② 本時のねらい

・平易なことばを使って、ＡＬＴに大和ことばを説明することができる。
・調べた大和ことばを使った例文を整えて話すことができる。
・調べたことばに合った話し方をすることができる。

③ 学習プロセス

本時のねらいの確認↓グループごとに調べたことばを発表し、ＡＬＴに説明を聴いてもらう（けなげ、したたか、せつない、てきぱき、しとやか、ずばり）↓ＡＬＴに説明したことばを使った用例を作ってもらう↓ＡＬＴの考えた用例を聴き、自分たちの説明を評価する

④ 対話場面

・各グループが工夫してＡＬＴがよく知らないことばを分かりやすく説明する。

・分かりやすくするための工夫の話し合い。

⑤ 対話を充実させるための工夫と子どもの変化

・主語、述語、連用修飾語、語り方などに配慮するように事前指導した。

〈例〉「したたか」……身体や精神が屈強な者、競う、苦手な、力強い言い方

「しとやか」……大人の女性、語る、上品に、ゆっくりとした言い方

・ＡＬＴに説明するという設定により、文化の違いを意識した平易な表現力を高められた。

・生徒たちは日常使うことばの意味をあらためて知り、言語への認識を深め、またポルトガル語を通して、文化の違いへの関心を高めていくことができた。

⑥ その他

・国語科と外国語科との合科型の実践により、相互の補完的な言語を通して新たな国際理解

教育の実践が創造できた。

(3) 中学校一年 国語『親友』(奈良教育大学附属中学校 植西浩一教諭の実践)

① 実践の概要

国際化の進展をはじめとする急激な社会状況の変化を直視し、価値観や生活習慣、文化的背景などの異なる他者の中で、相手の心情や思いを理解し、その主張に耳を傾けつつ、自らの意見を明確に伝える力の育成をめざした実践。

中学校における対話入門というべき位置づけをし、「話すこと」の指導以上に「聴くこと」の指導に力を注ぎ、態度形成および技能習得をめざした。

赤川次郎作の短編『親友』を教材文とした。運動会の徒競走で、走るのが苦手な親友の麻子を気づかってわざと転ぶという知美の行動が描かれている。授業では、その是非をめぐって、肯定・否定双方からの意見を出させた。心を開いて相手の主張に耳を傾けることによって、友情について多様な視点からより深く考え、望ましい「親友」像について共に考えることをめざした。

②ねらい
・対話を通して、相互理解を深めようとする姿勢を身につける。
・よく聴いて対話の流れを理解し、適切に発言する力を身につける。
・「親友」について対話を通して考えを練り、相互理解を深める。

③学習プロセス
目標の確認→知美の行動の是非について話し合う→「親友」とは自分にとってどのような友達をさすのかを考え、意見交換する→対話を通して、また対話について学んだことを整理し、学習を振り返る→振り返りを発表する

④対話場面
・知美の行動の是非について話し合う。

⑤対話を充実させるための工夫と子どもの変化
・事前に、自分にとって「親友」とはどのような友達をさすのかをワークシートに書かせた。
・心を開いて聴くことの大切さを教師が語り、対話への心構えを形成した。
・生徒たちは、隣席の仲間と対話し、また考え込み、自己の思考を深めていった。

⑥その他
・本実践では、終末に「対話について学んだこと」を生徒に自覚させる場を明確に位置づけ

ていた。このことにより、生徒たちは対話のよさを自覚でき、また対話を活用することが、教材文を深く読み取ることにつながることを知った。

(4) 中学校二年 総合的な学習の時間「鯨はなぜ海にもどったのか――沖縄人はどこから来てどこに行くのか」

(沖縄県石垣市立石垣第二中学校 善元幸夫教諭の実践)

① 実践の概要

鯨の進化の歴史を学び、そこから沖縄人の子どもたちが自らの歴史、自らの生きる「根」を考える視点を形成し、さらに自分たちの未来の生き方を考えていった実践である。石垣島で二万年前の人骨が発見されて話題になり、あらためて「沖縄人はどこから来て、どこに向かおうとするのか」を考える新たな契機となった。また、子どもたちが鯨の進化の過程を学ぶことで、「自らの人生は自分で考えてよい」ということに気がつき、自分たちの未来に対する自己選択の可能性を広げていった。

② 単元のねらい

・子どもを中心に据えた授業

・鯨の進化の歴史を学び、人骨の発見について知ることを手がかりに、自分たちの未来の生き方を考える。

③学習プロセス

人骨発見のニュースを知る→人間の進化の歴史を学ぶ→イルカが浜に打ち上げられたニュースを知る→鯨の進化について学ぶ→鯨の不思議について調べる→自分たちの未来は自分で決められることを自覚し、どう生きていくかを考える

④対話場面

・多くの哺乳類が陸上生活を始めたのに対し、鯨は海にもどった。鯨が海に生きることを選択した理由を考え、話し合う。

・自分たちの未来の生き方について話し合い、自分の考えをまとめ、発表する。

⑤対話を充実させるための工夫と子どもの変化

・子どもたちに臨場感をもたせた。

石垣島の二万年前の人骨発見やイルカが浜に打ち上げられたニュースの活用

・知的好奇心の喚起

「人類はなぜ、アフリカから移動したのだろう」

「なぜ鯨は、海を選んだのだろう」

・学習方法の工夫
　多様な知識をもたせ、思考を広げる視点を形成した。
　VTRの活用、進化学者によるミニ講話、など

⑥　その他
・本実践の基調には、生物の進化を学ぶことで、子どもたちが自尊の感情を培い、さらには、自分自身の未来は自身で選択していけることを感得させたいとの実践者の思いがある。また、人骨発見、鯨の進化と未来の生き方など、一見、かかわりがないように見える事象が、教師の企画力によって結びつき、質の高い実践となることを示した。

(5) 中学校三年　社会「これからの福祉と生活環境」
（山梨県甲州市立塩山中学校　澤邉裕美子教諭の実践）

①　実践の概要
　労働の現状（問題点）を知り、今後の改善策を考えることを課題とした実践である。労働問題について当事者意識をもたせ、法規定を知り、さらに、労働問題を四つの視点から論議させ、この話し合いにより気づいたことや発見したこと、考えたことをもとに、誰もが安心して働け

る社会のあり方について対話し、思考を深めていくことをめざした。

②本時のねらい

・労働問題の現状と労働条件の問題について理解する。

・働くことの意味を理解し、今後の課題と理想の働き方について考える。

③学習プロセス

「将来就きたい職業」「働く目的」についての学級アンケートの結果を知る→憲法の「勤労の権利及び義務」「職業選択の自由」について理解する→グループに分かれ、労働の現状と問題点を示すグラフをそれぞれ読み取り、問題点や課題をまとめる→誰もが安心して働ける社会をつくるための改善策についてグループで話し合う→全体で発表する→「自分の理想の働き方」についてワークシートに記入する

④対話場面

・労働の現状について、グラフを読み取る。

・誰もが安心して働ける社会をつくるための改善策について、グループで話し合う。

⑤対話を充実させるための工夫

・当事者意識を高めるため、クラスアンケートを活用した。

・「失業率の変化（年代別）」「非正規労働者の増加」「労働時間、残業時間」「雇用形態の男

女比較」の四つのグラフを用意し、各グラフを二〜三グループが担当し、読み取らせた。論議の広がりの手がかりとして、各グラフに関連するトピック（内定率の低さ、生涯賃金の格差、労働時間の国際比較、女性のM字型就労）などを示し、説明した。

・まず個人の考えをもってから、グループで話し合うようにさせた。

・グループの人数を四人とした。

⑥ その他

・中学三年の三学期であり、生徒がこの学習を契機として、自分の将来について考えていけるように支援する。

（6）高校二年 英語科選択科目「グローバルシティズンシップ」——国際理解教育における対話型の振り返り活動

（宮城県立仙台東高等学校教諭 石森広美教諭の実践）

① 事例の概要

高校二年英語科選択科目「グローバルシティズンシップ」（学校設定科目。「地球社会・生命系の現状への認識を深め、希望ある未来の担い手・地球市民としての生き方を学ぶ」）の授業の終了時に、前期の学習を振り返る対話型活動を実施した。教科書もまったく使わない、国際理解教育としての英語科の授業である。この教科についての振り返りを的確に実施するため、ペアや少人数の対話をさせた。また、教師と面談も行った。

②単元のねらい

新しい授業を生徒がどのように受け止め、何を学んだと感じたのかを授業者として把握する目的と、生徒同士が学んだことを振り返り、肯定的に受け止めることで、次へのモチベーションにつなげる。

③学習プロセス

ペアワーク→少人数グループでの話し合い→教師との面談

④対話場面

・ペアワーク、少人数グループでの話し合い、教師との面談

⑤充実した対話になるために工夫したこと

㋐ペアワークによるピアアセスメント

各自のポートフォリオに基づいて、ペアで振り返りを行う。何を学んだのかを対話形式によって互いに語り合い、それについてコメントを行い、フィードバックする。ファシリテーターとしての教師は、学びの振り返りが促進されるよう各ペアを回り、支援する。

㋑少人数グループ（四人）によるグループ活動

ペアを発展させ、ポートフォリオに基づくグループディスカッションを行う。その際、グループワークのポイント――「授業に積極的である」（意見を言う、熱心に話を聞く等）、「グローバルイシュー／世界の課題について、以前より関心を示すようになった」「授業を受けてから言動に変化が見られた」――についてのワークシートを配付し、そこにグループの友人についての情報を書き入れるように工夫した。また、実施の留意点として、セルフエスティームの向上を図るよう配慮した。学びや成長を他者が引き出し、それを肯定するようなグループワークを意図した。

㋒教師との面談・対話

生徒グループの中に担当の教師が入り込み、ポイントにそって質問する。たとえば、「どんなところが印象に残っている？」「授業を受けて一番自分が変わったと思うところは何？」といった、鍵となる質問を投げかけ、自由に語らせる。生徒の語りに対して、教師がフィードバックを行い、面談を進行する。

㋐～㋒のプロセスにおいて、生徒同士で対話する際は、ポジティブな面に着目するよう励ました。生徒が肯定的なコメントをクラスメートから受け取ることで、自信と自己肯定感を高め、次なる学習へのステップとなるよう注意した。また、対話の内容が拡散しないように、主な観点を示したメモを配付し、それに一度整理させた上で、話し合いをさせた。そして、常に心がけていることであるが、和やかでオープンな雰囲気を大切にした。

⑥その他（生徒の認識）

一般的な授業ではほとんど経験しない生徒たちにとって、対話型の活動は有意義であったようである。非常に「新鮮」であり、「他の人が自分をどう見ているのか」が分かり、「いろいろな考えを知ることができ」て有効であったということである。なにより、対話を多く取り入れることにより、相互のコミュニケーションが促進され、ラポート形成に役立つと感じられる。こうした取り組みは、国際理解教育以外にも応用可能であろう。

（7）高校「共生ディベート」

（福岡県立福岡高等学校　鹿野啓文教諭の実践）

①実践の概要

日常指導において、「warm heart」（global issuer 理解、さまざまな体験によるミッションの喚起）、「cool mind」（論理的思考力・公正感の育成）、「challenging spirit」（ロマンとしての極限への挑戦心の喚起）を重視してきた。このため、実体験、外部講師の招聘、ボランティア活動、海外支援計画づくりなどを行ってきた。また、開発途上国の子どもたちの悲惨な状況（ストリートチルドレン・児童労働・児童買春）を改善するため「日本がコロンビアから輸入する全コーヒー豆の量の五パーセントをフェアトレード製品に替える。是か非か」をテーマに共生ディベートを行った。

②ねらい

・世界の厳しい現実の認識と、それらの解決に主体的にかかわろうとする意識の向上。

・「共生ディベート」のよさを感得させ、その技法を習得させる。

③学習プロセス

途上国の子どもの現状について認識させる↓生徒による課題の決定↓調査↓ディベート↓振り返る

④対話場面

・生徒自身による課題設定場面、課題についてのディベート場面

⑤充実した対話になるために工夫したこと

・「共生ディベート」では、両チームともに支援すべき国のことを念頭に置いている。そのため、皮相的なことばの論争に明け暮れるのではなく、中身の濃い論議となった。また、相手チームの存在によって自分の意見を客観的に見直す機会とする姿勢が共有されており、

「自己の意見を『公正』の立場から問い直す」ことに満足感があった。

・立論概要（要約・抜粋）

メリット1：児童労働の軽減……農家の手取り収入が増え、子どもを劣悪な環境で働かせなくなる。

メリット2：コカ栽培農家の減少……コーヒー豆の最低価格が保障されるため、農家は法や良心に反してまでコカを栽培しなくなる。

デメリット1：別の児童労働の発生……農家は増収のため、別の形の児童労働が加速される。

デメリット2：輸入量の減少……フェアトレード製品に替えると、コーヒー豆の販売価格は高くなり、輸入量の減少が起こる。

デメリット3：モノカルチャー経済の進展、非効率経営の温存……農民はコーヒー豆栽培への依存を高め、結果として、いつまでたっても欧米のアグリビジネス資本が支配する不安定なモノカルチャー経済体制から脱却できない。

⑥その他

・「共生ディベート」は、勝つことを目的としていない。相手がなぜそう考えるかを温かい目で前向きに聴こうとする。また、尋ねられたほうも、相手に自分の真意を理解してもらおうと真摯に答える。その結果、論題に対する理解が深まっていく。（第一の特徴）

・論議のプロセス、さらにはその後の関心の高まりにより、さまざまな情報を知り、関係者と語り合うようになる、このことにより、無機質な情報に「血を通わせる」ことができる。

（第二の特徴）

教師の置かれている状況は、深刻です。児童生徒の問題行動・学力低下への対応、教員の資質向上のため、などといった趣旨のもと、さまざまな教育施策が、教育現場に矢継ぎ早に落下してきています。学校現場は、こうした相次ぐ教育施策への対応で精一杯の状況にあります。保護者による理不尽な要求の日常化や、児童生徒の社会規範の欠如傾向などにより、教師たちは時間的余裕を奪われ、精神的に疲弊し、受け身の姿勢を余儀なくされ、授業創造への活力を喪失しつつあるようにも見えます。

しかしいま、教師たちは打って出なければなりません。押し寄せる困難をなんとか処理し、授業を質的に向上させることこそ望ましい教育の具現化であるということを、復権させねばなりません。二一世紀の人間形成、その主体的推進者は、まちがいなく教師です。教師たちが自信と誇りをもって実践の創造に向かうとき、希望ある未来は理想ではなく、現実に迫っていけるのです。本章で紹介した対話型授業の実践事例は、地道であり、決して華やかなものではありません。しかし、そこに教師の叡智の結晶がきらめいています。これらから、グローバル時代の対話力の育成をめざした対話型授業の実践創造へのヒントを得ていただければ、うれしい限りです。

6章 対話を活用した多様な活動

教育実践を専門とする筆者は、グローバル時代の対話力を育成する手がかりを求めて全国各地を旅してきました。さまざまな人々と語り合い、心動かされ、響感し、啓発され、しみじみと教職のよさを感得することもたびたびでした。

本章では、そうした出会いの中で印象深かった、「対話を活用した多様な活動」の概要を紹介します。お読みくだされば、きっと各事例には、対話型授業の根幹にかかわる叡智が潜んでいることに気づかれると思います。

1 京田辺シュタイナー学校の実践

京都府京田辺市に、哲学者であり思想家であるルドルフ・シュタイナーの教育理念に基づく学校「NPO法人京田辺シュタイナー学校」があります。

シュタイナー学校は、小・中・高一貫教育をめざした全日制の学校で、初等部、中等部にあたる一年生から八年生までと、高等部にあたる九年生から一二年生に分かれています。初等部、中等部では八年間連続で一人の教師が担任し、主要科目を担当します。その授業は、同じ教科を数週間毎日続けて学ぶ「エポック授業」という独特の方法をとり、体験や手作業、芸術性を重視した内容となっています。

この学校の教育に主体的にかかわっている畏友・吉田敦彦先生（大阪府立大学教授）の招聘で二〇一一年二月、学校を訪ねることができ、六年生の「エポック授業」（歴史）、高等部コーラス、三年生の音楽、四年生との昼食時間の交流、教職員の方々との話し合い、保護者（広報）の方からのインタビュー、七年生（中一）の授業（国語）、と一日をかけて滞在して学習の様子を参観し、学校の理念や現状についてお聴きすることができました。

京田辺シュタイナー学校では「広義な対話力が育っている」、それが率直な感想でした。人と人とが濃密にかかわっています。この学校には、対話をもたらす、まさに自由な雰囲気があふれていました。気がつくのは、人なつっこい子どもたちの存在です。一時間目の歴史の時間、担任の先生が、遠来の筆者と子どもたちとを握手させてくれました。すると、身体いっぱいで歓迎の気持ちを表しつつ、全員が私の目を見ながら手を握ってくれました。昼休みは、四年生と弁当の時間を過ごしました。筆者がブラジルにいたことを知ると、「アマゾンにはどんな怖い動物がいますか」「ワニは食べましたか」等々、次々に質問してきました。午後四時に退出し、駅で神戸に向かう電車を待っていると偶然、子どもたちに出会いました。さっそく近づいてきて筆者を囲み、また次々と質問してきます。乗車した車中でも、好奇心いっぱいにさまざまなことを問うてきました。

授業を想起すると、どの授業でも、教師の説明を集中して聴く力、自由闊達な発言力、友達との仲のよさに感心させられました。「品格あふれる学びの時」が流れていることに、参観者である筆者自身が心地よい安堵感をもちました。

京田辺シュタイナー学校の「品格あふれる学びの時」を生み出しているものを、筆者なりに分析してみました。

①「集中」の重視と「聴く力」の育成……名文の写書など、ひとりで集中して取り組む活動が多用されている。担任の解説・説明等には、全員が心を集中させ聴き入る。教師は大声を出さず、語りかけるように話す。ときには二〇分以上の説明を、興味深く聴き取る力が育っている。

②感覚の練磨……さまざまな教育活動で「感じる」「気づく」ことが重視されている。子どもたちの筆記具は多彩な色の鉛筆であり、ノートは白紙だけの特別製、そのノートに子どもたちが学習事項や絵や詩をさまざまな色で書きこむ。合唱、詩や短歌の朗読などが日常活動として位置

づけられている。黒板には色彩豊かな図や絵が描かれており。教室の各所には、野の花が生けられていた。

③広義な対話力を高める……授業を参観していると、どの学級でも、「対話は対応である」ことが実感できる。教師の指名がなくても思わず意見を言ってしまう、疑問をもつと質問をする、ときには反論もある。しかし、納得すると「そうか」「わかった」と言える。じつに楽しそうに語り合う。学びの場に、響き合う、共に創り合う雰囲気があふれ、それが子どもたち相互に自由闊達な対話をもたらしている。

④生活のリズムの重視……「自分の認識」「世界へのひろがり」といった人間形成のリズムを一二年間見通し、各学年の重点を決めて取り組んでいた。「リズム」は授業でも重視され、集中と拡散、身体のリズム、思考や感覚のリズムが意識されていた。

京都府京田辺の山稜地の一角に、親と教師が天井や壁を塗り、黒板を作った、木造の小さな学校があります。資金は不足し、教材は十分とはいえません。しかし、この学校には、高い理念を掲げて、子どもと教師・親が共に創っている「品格あふれた学び」が日々創られています。質問攻めを覚悟するなら一度、覗いてみてはいかがでしょうか。子どもたちの笑顔が迎えてくれるでしょう。

2　癒しをもたらす犬との対話——ドッグセラピー

目白大学人間学部児童教育学科では、毎年ドッグセラピーの専門家と犬たちを招聘して、将来、教師や児童教育の専門家をめざす学生たちに、犬たちと触れ合う機会をつくっています。犬とドッグトレーナーの方々が会場に入ってくるだけで、学生たちは笑顔になります。ボール投げ、衣装の着用、ダンスなどの交流をしていくうちに、どの学生もリラックスしはじめました。休み時間になると、学生たちは、犬のまわりに集まり、語りかけ、触ろうとします。犬には、人の心を開かせる何かがあるようです。

児童教育学科が招聘しているチームが所属するジャパンドッグアカデミー（JDA）は、「犬とともに社会に貢献する」を理念に定め、優秀なドッグセラピストとインストラクターの育成をめざしています。その案内文には、「動物は私たちには計り知れない無限の力を持っています。中でも、古来から人と共に生活をしてきた犬には、人の心を『癒す力』があると言われており、心の壁を取り払い、そこに笑顔を作り出す力があります。ドッグセラピーとは、臨床場面において高度な訓練を積んだ『セラピードッグ』を介在させることで、高齢者やさまざまな障害をもつ人、そして子どもたちに対し、心や身体のリハビリテーションをするケアマネージメントであり、生活の質（ＱＯＬ）を高めることを目的としたプログラムです」「ドッグセラピーは、動物介在活動＝ＡＡＡ（Animal Assisted Activity）と呼ばれ、犬とのふれ合いを中心に参加者の楽しみを目的としたレクリエーション活動です」と説明しています。

筆者は、柴犬の龍之介とともに生活しています。帰宅した折の歓迎ぶりに、いつも癒されます。たしかに犬は人類にとって無二の仲間であり、その性質は究極の善良さにあふれていると感じます。ドッグセラピーは多くのメディア、高齢者施設、児童福祉施設などで注目されるようになり、さまざまな施設を訪問しています。ドッグセラピストの方から聴かされたことを、紹介しましょう。

・高齢者の施設に連れていくと、最初は犬を怖がっていた人もやがて、かわいくてしかたなくなり、来訪を楽しみに待ち、表情も明るくなってくる。そうした高齢者の一人が、あまりに楽しかったのでセラピードッグに何かあげたくなったが、何もない、そこで入れ歯をとって、あげようとした。入れ歯を目の前に出され、犬は固まってしまった。
・児童館を訪れたとき、二年生くらいの男の子がセラピードッグの口のまわりの毛を引っ張った。犬はおとなしく我慢していた。それを見た少し大きな女の子が、「自分がそんなことをやられたら嫌でしょう」と声をかけた。男の子は気がついて引っ張るのをやめ、今度は犬をなでてかわいがった。

米国には、「プリズンドッグ」のシステムをもった刑務所があります。飼い主に捨てられ、またさまざまな事情で心に傷をもつ犬たちを保護し、受刑者に預け、トレーニングさせる制度です。受刑者は専門家からアドバイスを受けつつ、犬をかわいがり、またしつけていきます。やがて犬は、欲しがる家族に引き取られていきます。スコットランドのエジンバラを訪ねた折には、犬たちを守る「ドッグポリス」があることを知りました。当地の犬の保護センターを参観したとき、親子連れが飼いたい犬を探しにきていました。この親子は、老犬二頭を引き取っていきました。父親は、「老犬のほうが優しいし、犬から子どもが学ぶものが多い」と語っていました。北欧では、レストランや電車の中に犬がいるのが日常的な国も多々あります。カナダのバンクーバーに住んでいたときには、公園や海岸を多種多様な犬が飼い主とともに散歩し、ときには自由に駆け回る姿を見てきました。日本も、もっと人と犬とが共に過ごす環境をよくする必要を感じます。

犬は、命あるものが触れ合う喜びを伝えてくれます。太古以来、人と共に生きてきた仲間である犬たちのもつ限りない善良さ、人を信じる性質を、教育の場でもっと活用すべきだと思うのです。犬と共にいることにより、人は心を成長させていくのです。

ＪＤＡでは、仙台、塩釜、石巻、いわきなど東日本大震災の被災地に継続的に行き、ボランティア活動を行っています。

3

人生の終焉に温もりをもたらす「対話」

残念ながら、現在の医療現場においては形こそ違え、この「由らしむべし、知らしむべからず」が残存していて、言葉のコミュニケーションがほとんどない、医者による一方的な医療が行われていることがけっして少なくないのである。

医者と患者さんはどうしても「強者と弱者」の上下関係になりやすく、これを平等の関係にするには、言葉による親密なコミュニケーションがなによりも大切だと思っている。

（石川恭三『医者と患者の対話力』集英社 二〇〇七年 五頁）

医療現場における対話を調査していて、感銘を受けたのは、人生の終焉を迎えようとする人々を受け入れている医療法人社団慶成会が開設した青梅慶友病院でした。

この病院に義母が入院し、何度か見舞いました。気づかされるのは、スタッフの方々の自然な挨拶です。人と出会うと、形式的でない親しみを込めた挨拶が交わされています。その親しみのある挨拶に、見舞客は安堵できます。また、一人ひとりの患者について、どのスタッフでも状況を知っていることも、新鮮な驚きでした。

たまたま廊下で出会った理学療法士の富田正身氏に、この病院の活動について話を聴きました。

富田氏によれば、医師、臨床心理士、理学療法士、作業療法士、言語聴覚士、看護師、ヘルパー、ソーシャルワーカーなどの人々が定期的に集まり、個々の患者にできるだけ寄り添い、そこで得た情報を共有し、また適切な治療方針などを話し合っているといいます。また、家族との面談も、できるかぎり対応しているとも聴きました。

この病院には、対話の場所は広々と用意されています。広い談話室、瀟洒な食堂、遊歩道、遊歩公園、花畑等です。犬好きの筆者にとっての意外な喜びは、犬を室内に連れて行ってよいスペースまで用意されていることでした。一日過ごすと、入院している高齢者たちが家族やスタッフと語り合い、散策しているのを見かけました。患者と家族が共に楽しむ、コンサート、法話会、讃美歌を歌う会、映画会などの催しも、定期的に行われています。

医療現場では、患者はとかく遠慮がちになります。尊大な医師の態度に傷ついたり、配慮に欠くスタッフの言動に傷ついたりもします。しかし、この病院では、創設者で理事長の大塚宣夫氏の、「最晩年の生活の介護・医療といった技術をどう使うかといった側面のみならず、死生観、家族観といった文化的な背景にも大きくかかわるため、日本人の豊かな最晩年のあり方は私たちで経験を積み重ね、開発していくしかありません」との方針により、患者にとって、心地よい生活ができるように配慮した介護実践が行われているように見取れました。それはとりもなおさず、ふれあう人々が、患者を中心に気さくに語り合う場面を意図的に設定することにつながっています。

対話の真髄は、相手の立場を推察し、相手を意識して表現を心がけることにあります。青梅慶友病院を何回か訪れ、そのことをあらためて確認する思いがしました。

4 作家との対話――資料が語る

安達正勝『死刑執行人サンソン』(中公新書)は、名作だと思います。この作品には、おぞましい職業との印象をもたれるフランス革命期の死刑執行を職とした人々が、その内面に高潔な心と高い見識をもっていたことを示しています。

同じ著者による『物語 フランス革命』(中公新書)も、まるで優れた小説を味わうように読み進みました。それは、フランス革命の登場人物を活写し、しかもその真実の姿を描き出しているからに他なりません。ルイ一六世はその典型でしょう。暗愚とされてきたこの王の誠実さ、聡明さを知ったことは、『死刑執行人サンソン』読後の思いと共通します。作者の革命期の人々への温かな眼差しにも共感しました。マリー・アントワネットという浪費癖と尊大さを糾弾されたこの王妃への記述に、輿入れ時の幼さ、そして生育歴を補説することにより、むしろ悲劇の人とも受け止められる印象を与えられました。壮大な歴史のうねりの中で、あるいは人の力ではいかんともしがたい運命、それをロベスピエールに見た思いがしました。理想を掲げ、品位ある言動を志向した彼は、断頭台に無数の人々を送る立場ともなりました。

両著に引き込まれるのは、人物や事象への斬新な見方、捉え方が示されていることに他なりません。二月のある日、作者の安達氏と語り合いました。「人物像についての見方・捉え方はイメージによるものですか」と問うと、安達氏は「資料を丁寧に収集し、読む中で浮かび上がってきたものが人物像になっていくのです」と答えてくれ、首肯するところしきりでした。

膨大な資料に支えられたこの作品は、事実をもって語ることの重要性を提示しています。事実こそ、真実に迫る。と同時に、少々迂遠ではあるが、「響感性」「イメージ力」が、人々の行為の光と影を見通す力をもつ。換言すれば、人間のさまざまな資質の中でも「響感性」「イメージ力」こそが大切であることを示した作品であるように思えてなりません。温かな眼差し、人々への響感、資料の断片をつなぎ合わせ、そこからイメージする力、これらの総体を統合することによってこの作品が生み出されたのではないでしょうか。

両著を読むと、つらく厳しい歴史的事実、それに翻弄される人間の理想とエゴ、それらを読み取りつつ、読後、なぜか心に人生を前向きに生きる勇気を与えられた思いがしました。安達氏と二時間余にわたり語り合いつつ、安達氏の著作法は、対話にも相通じると考えていました。

5　香・色・音の出合いのもたらすもの

グローバル時代の対話力では、異質なものとの出合いが新たな価値を生み出すという「発展の要因としての文化の多様性」(ユネスコ『文化の多様性に関する世界宣言』)の思想を基調に置いています。異質なものが出合い、統合されたとき、どんな新たな世界が生まれるのでしょうか。

友人の世古直登先生は、大学の教員であると同時に、服装から舞台装置まで手がけるアートデザイナーでもあります。伴侶は中国人で、中国民族撥弦楽器演奏家の費堅蓉《フェイジェンロン》さんです。目白大学教授で景観デザイナーの槇島みどり先生と費さんとが、「香り」と「音」とにより新たな芸術の分野を拓いた活動は、統合の見事な例でした。

事の経過は、次のとおりでした。上海交通大学でアロマセラピー学会があり、槇島先生が招聘されました。そのとき、槇島先生にはあるプランがありました。「香り」と「音」との連携です。これまでも先生は、短期大学生に、色と形の連携活動をさせてきました。香りを嗅がせ、その香りのイメージを色彩と形で表す活動でした。上海では、それに「音」を加えたのです。

まず、会場に、没薬《もつやく》・白檀《びゃくだん》・ベルガモット・聞香《もんこう》など、さまざまな香りを漂わせました。舞台のスクリーンには、その香りから学生がイメージした色彩豊かなデザインが次々と映し出されました。そのとき、費堅蓉さんが、その香りとデザインから湧くインスピレーションにより、瞬時に即興の演奏をしました。しかも、柳琴・三弦・琵琶・中院・古琴などの中国の伝統楽器を自在に奏でたのです。会場には驚嘆の声が起こり、賞賛の拍手が鳴りやまず、「香・音・色彩・形」の出合いは大成功でした。

当日取材にきた中国中央放送（ＣＣＴＶ）は、数多の発表者の中で、槇島・費の発表をとくに認め、特別室に迎え、取材をしました。それは格別の対応だったとのことでした。

筆者自身、絵画と香りの出合いのもたらす世界を旅する体験をしたことがあります。ふしぎな縁で知人となった古田亮先生（東京藝術大学大学美術館准教授）は、日本画における香りをテーマにした「香り　かぐわしき名宝展」を企画しました。鑑賞すると、名画の世界から香りの記憶が呼びさまされ、新鮮な感覚を味わうことができました。

6　「孤独・沈黙」の時空の保障

不登校や途中退学を経験した生徒を受け入れる「チャレンジスクール」である単位制の高等学校を訪問し、授業をしてきました。原則履修総合科目「人と地球」の年度の最終授業を依頼されたのです。三部制の高校なので、二時間連続の授業を三回行いました。

授業と授業の合間に、控室で、同校のお二人の先生方からこの高校の教育についてうかがいました。生徒の八割が登校拒否の体験をもつといいます。一回目の午前部の授業では、笑いが各所で起こり、和気あいあいとした雰囲気であったので、意外な気がしました。しかし、じつは少しのことにも傷つきやすい生徒が多く、ちょっとした理由で突然登校しなくなる子もいて、卒業するのは七割程度といいます。学校では、社会科以外の各教科について中学校程度の基礎から学習し直す「みんなのシリーズ」と、高校としての教科を学ぶ二本立ての授業を設定していますが、履修者は八対二であるといいます。精神的脆さをもっている生徒が多いので、この対応のためカウンセリンググルームが三室もあり、かなりの子たちが訪れていると聴きました。

この学校で地歴公民を担当しているK先生から、心に響くお話をうかがいました。K先生は、この学校の生徒たちが好きだといいます。それは、型にはまらぬ自由さを感じるからだそうです。そして、自身の子育ての体験を話してくださいました。

> 中学一年生の息子が全く学校に行かなくなりました。教師として親として情けなくて、強引に学校に行かせたり、担任と相談したりしました。しかし、登校拒否は続きました。ある日ふと、自分のやり方が間違っていたと気がつきました。子どもと本気で向かい合い対話し、謝りました。息子は、

なぜ学校に行きたくないのかを語ってくれました。もっと自由に勉強したい、いまの学校には学びたいものがない、と息子は語りました。息子の思いを大切にし、その後、自由にさせました。そうしたある日、天体望遠鏡が欲しいというので買ってやりました。するとある夜、息子に天体観測に誘われました。近くの橋の上にゴザと布団を敷いて、二人で寝ながら地球に近づいてきた星雲を観測しました。

控室で二人の先生と、他者の目に過剰に怯え、傷つきやすく、生きる意味が見つからずにいる青少年の現状への対応策を語り合いました。K先生は、「守りの授業」と「攻めの授業」の併用が必要と語りました。ともすると登校して来なくなる生徒を気づかう授業と、そのよさを積極的に引き出す姿勢をもつ授業だと説明してくれました。筆者を招聘してくれた佐藤亨先生は、その具体策として、カリキュラムの再検討も視野に入れるべきだと語っていました。

両先生の考えに共通していたのは、対話の大切さでした。かかわり合い、対話する体験を意図的に増やすことが生徒たちに自信をもたらすとの見解で一致していました。お二人とは時間を惜しむように教育談議をし、真摯な対話のよさを感得しました。

7 外務省主催「グローバル教育コンクール」

二〇一一年二月、大阪国際交流センターで、外務省主催の「グローバル教育コンクール」の表彰式が行われ、審査員として参加しました。映像・写真部門、国際交流レポート部門の優れた作品の制作者が、外務大臣賞、国際協力局長賞などの表彰を受けました。イメージキャラクターは、NHKの番組「関口知宏の地球サポーター」のナビゲーターをつとめた、俳優の関口知宏さんでした。

表彰式に先立ち、関口さんが女性司会者の質問に答える形式のトークが行われました。人なつっこく、飾らない人柄の関口さんのトークでは、さまざまな地域を訪れ、人々と語り合ったときのエピソードが次々と語られ、興味深く、またユーモアがあり、聴衆をひきつけました。また、率直に語る自己体験を通しての感想の中には、対話や国際ボランティアの真髄にふれるものがありました。とくに印象に残ったことを記してみます。

・海外で現地の人々から話を聴く機会がたくさんあったが、演技するのではなく、ありのままの自分を出すよさに気づいた。だから、ありのままの自分で、自然体で話しかけるようにしている。

そうしたほうが相手もたくさん語ってくれる。

・人と話すと、たくさんのことを得ることができる。知識を知るだけで「分かった」と思い込むのはあぶない。現地に行って人々と語り合うことによって、今まで分からないものをたくさん得ることができた。

・ものごとを逆転の発想で見る大切さに気がついた。国際ボランティアの現場に行くことがあったが、日本人スタッフが「やってやる」「助けてやる」というより、むしろ現地の人々に「助けられている」ことが多いことを知った。現地で働く日本の人々から、現地の人々の心の温かさにふれて「心がよみがえった」「故郷に帰ったような思いがした」と聴かされた。

・日本人は、世界中でもっとも、相手のよさを感得できる心をもっているようにも思える。この日本人のよさをもちつづけたい。

会場で、隣り合わせの席だった筆者とは、モンゴルと日本との犬の飼い方の違いなどを語り合いましたが、気さくに語りかけたくなる人柄に、関口さんが現地の人々の心を自然に開かせる理由が分かった思いがしました。

こうした映像を利用した表現活動で注目されるのが、日本ユニセフ協会による「One Minute Video コンクール」の企画です。「One Minute Video」とは、創造力を発揮し、自分のメッセージを一分間の映像にまとめ、伝える活動です。主たる目的は、地球の抱えるいろいろな問題について、子どもたちに当事者意識をもたせ、その解決に参画していこうとする姿勢を育むこと、また、情報に適応するだけでなく、情報や意見の発信力を高めていくことにあります。

「One Minute Video」の研究・実践者の五嶋正治先生（東海大学准教授）、日本ユニセフ協会の担当者三上健氏（学校事業部副部長）に筆者も加わって具体案を立案し、二〇一三年度から全国公募のコンクールを開始する予定です。

8 世界の若者が集うアジア学院

那須塩原市教育委員会の山本幸子先生の案内で、雪の舞う二〇一〇年一二月の一日、長年訪ねたいと願ってきた「アジア学院」を訪問することができました。山本先生は、高校一年生のときに、アジア学院に研修に来ていたスリランカ人の学生と偶然に出会い、それがきっかけとなって、週末には、農家である先生のお宅にアジアやアフリカから来ている若者たちが、ほとんど毎週、泊まりに来ていたということでした。

このアジア学院では、アジア・アフリカなどの農村地域の民間開発団体（NGO）から、その土地に根を張り、その土地の人々と共に働く〝草の根〟の農村開発従事者を学生として招き、自国のコミュニティの自立を共にめざす指導者を養成しています。スタッフの佐藤裕美さんの案内で、男子寮・女子寮、水田、畑、豚・牛舎、養魚池、山羊小屋、炭焼窯、サイロ、風力発電システム、クロレラ培養槽などの施設を見せていただきました。

筆者がもっとも心ひかれたのが、「コイノニア」と呼ばれる施設でした。ギリシャ語で〝友愛〟を意味するこの施設は、コミュニティメンバーの集う場所です。コイノニアの一角にある階段状になっている部屋で、朝の集会について聴きました。朝の九時から約一時間の集いです。自分の精神的な成長をテーマにメンバーが交代で語り、参加者が質問したり、意見を述べ合ったりするとのことでした。シェアリングを基調理念においたこの時間をみんなが楽しみにしており、対話が相互理解を深め、人と人との絆も強めているといいます。

コイノニアで腰を下ろし、くつろぎながら、佐藤さんからアジア学院の理念や活動について説明していただきました。「アジア学院が『ひとといのちを支える食べものを大切にする世界を作ろう――共に生きるために』という理念を掲げ、食べものを生産し、食べて、土に還すという、人間にとって最も本質的な活動を中心に生活している共同体であること」「アジア、アフリカからの学生、欧米からのボランティアや訪問者など、多様な国籍・文化をもつ人々が集い、ときには三十、四十の異文化が存在する中で共同生活が営まれていること」「異文化同士の人間が集い、共に働き、人間にとって最も大切な食べものを作り、分かち合い、その活動を通じて人と自然と共に生きる生き方を追求していること」等々、アジア学院の活動と理念をさまざまな実例をもとに説明してくれました。

温かな部屋にいて心地よくなり、いつの間にか山本先生と三人で、教育観、生き方などについて、自己体験を交じえて語り合っていました。時が過ぎ、ふと気持ちがリラックスしているのに気がつきました。少し、この学院の理念にふれた思いがしました。

アジア学院の施設は、近在の人々のボランティア活動により維持されています。地元の人々、そして都市から移り住んできた人たちが、機械を維持・点検すること、小屋を補修すること、コンピュータ操作や事務の手伝いに参加し、そこで見知らぬ人々が出会い、共同体の和が広がっているとのことでした。次の予定があり、辞去する帰路、太い竹を多数束ねて運んできた人々を見かけました。泥道の補修と柵作りをするボランティアの人たちでした。学生たちを連れて再訪したい、ここでの協同作業を体験させたいと強く願いました。

三月末、久しぶりに佐藤さんに電話をしました。すると、東日本大震災ではアジア学院も建物が大きく損傷し、それにもかかわらず、スタッフをはじめ、被災地の支援のための活動を開始していると聴きました。

9　遍路文化を生かした「子ども歩き遍路」

「足の裏」には、人間の精神に関与する何かがあるように思ってきました。悩んだとき、不安なとき、歩いていると不思議とそれが癒されることがあります。思考をまとめたり、決断したりすることもできます。足の裏を地に着けて歩む行為は、そうした人間の生命力の活性化につながる何かをもたらすように思います。

四国は、平安時代以前から修験者の修行の地でした。讃岐国に生まれた若き日の空海も、四国の地で修行した一人であったといわれています。空海の入定後、修行僧らが弘法大師（空海）の足跡を辿って遍歴の旅を始めました。これが「四国遍路」の原型になったとされています。現在では、総行程一四〇〇キロメートルの「八十八ヶ所巡り」となりました。昔は修行や世捨ての旅として知られていましたが、最近では、健康のため、ストレス解消のため、瞑想し、自分の生き方を再考するなど、さまざま目的で巡礼に向かう人々が増加しています。

鳴門教育大学大学院に「対話」についての講義に行った折、大学院生と子どもたちが、地域のシンボル「遍路」を利用したプロジェクト「子ども歩き遍路」をしていることを知り、担当の先生からその様子を聴き、これは対話力を高める効果的な活動だと直感しました。

「子ども歩き遍路」のプロジェクトを進めてきた藤原伸彦准教授は、「あらかじめ与えられた課題ではなく、歩きながら遭遇する葛藤を我(わ)がこととして受け止め、他者の気持ちに気づきながら解決することに意味がある。歩くという行為は日常的でも、長い距離、知らない道をグループの仲間と進むことで非日常的な体験に変わる」と指摘しています。藤原先生が送付してくださったNHK『ホリデー日本』(二〇〇九年一一月三日放映)の番組「子ども遍路」を視聴して、先生のことばの意味を実感しました。

放送で取り上げられた「子ども遍路」の概要を紙上再現してみましょう。

参加者は小学生・中学生の四九名と付添いの大学院生と遍路の先達の方、三日間に及ぶ行程は第十八番札所小松島市の恩山寺から第二十二番札所平等寺までの三四・七キロメートル、子どもたちは六名程度の班に分かれて歩く。

「自分を見つめ直し」「助け合いの心を学ぶ」ことが目標だ。

番組が追う班は、小二〜中一までの男女混合チーム。初日、この班はリーダーの中一の女の子の願いもむなしく、ばらばらに歩き、疲れ、ついに目標の歩行距離を歩けずに終わる。夜の反省会では、明日はみんなでバラバラをなくすことを話し合う。

翌日、午前中の歩きでも、昨夜の約束が守れず、やはりバラバラになる。休憩所での再度の話し合いでは、「個人個人自分のペースで歩く」「班みんなで歩く」の意見が対立する。最後に、今まで自分勝手に歩いていた最年少の小二の男の子が「みんなで歩きたい」とポツリと言い、全員で歩くことでリーダーがまとめる。

やがて、急登が始まる。みんなで励まし合い、支え合って、登りきる。その日、とうとう八時間の道のりを歩き切った。歓声を上げて、二日目の目的地大龍寺に到着した。「苦しかった。でも、楽しかった」と語る子どもたちがそこにいた。

最終日、巡礼のゴール平等寺の山門に入る最後の一歩、班のみんなが横一線に並び、手をつないで入り口を越えた。インタビューに答えて「相手のことが分かった」「心がひとつになった」「楽しかったから来年も参加したい」と子どもたちは語っていた。


一定の道のりをいっしょに歩くだけで、自己・他者・自然と対話し、歩き終わったときには、共に歩いた人々と親しくなっていたのです。また、「『子ども歩き遍路』では、子どもたちは、地域の人たちから道を教えてもらったり、励まされたり、お接待を受けたり、助けてもらったり、ときには叱られたりするという体験をする」（鳴門教育大学教育と学校を考える会編著『出会い、かかわり、生きていく」体験活動』二〇〇八年　一三九頁）ことから、子どもたちは「自分を見つめ直し」、「いたわり・助け合いの心」を学んだに違いありません。

こうした「自然との対話」「人々との対話」がなされる巡礼ウォークは、対話力を高める有用な活動だと思いました。二〇一一年七月、徳島を訪ね、子どもたちが巡礼した道を歩くことができました。

おわりに

この国は、どこにいくのだろう——東日本大震災のもたらした悲惨な状況が明らかにされるにつれ、その思いがつのります。

ようやく電話の通じた仙台に住む知人は、津波が目の前に迫る恐怖とともに、避難者が身を寄せている学校での、次のエピソードを語ってくれました。七日間、行方の分からなかった息子と出会えた父親は、喜びをひかえ、ただ黙って息子の手を握ったというのです。周囲には、まだ家族の行方が分からない人々がいる、そうした人々への配慮からでした。東北の人々がその基層にもっている、節度・節制・慎み深さ・相互扶助の精神が凝縮された出来事だと感じました。

この未曾有で過酷な大災害は、否応なく、その復興の過程で、我が国がどのような社会をつくっていくのかを問われることになるのではないでしょうか。それは、社会づくりの理念であり、人間の生き方を示す哲学です。一人ひとりが日本社会をどのように再構築していくかが、問われているのです。競争原理による比較・効率重視の偏重が、目先の自己利益しか考えず、他者を競争相手とする性向を蔓延させ、社会・学校に分断と格差をもたらしたことは周知のとおりです。筆者には、被災地の人々が身体と心で示している、連帯、結びつきを復権させていくことこそ、この国が歩んでいく道と思えてなりません。

そして、希望はやはり教育にあるのです。政治・経済に従属するのではなく、未来を創る使命感と誇りを包括した「望ましい教育」により、途絶と断絶に果敢に挑戦し、連帯と結びつきの社会の担い手を育成していくことに、希望ある未来は託されていると考えます。

望ましい教育の基調には、「多様性」こそ発展の要因であり、さまざまなつながりを尊重した市民社会・公共空間をつくるとの「自立」と「共生」の思想が必要です。筆者は、多様なものをつなぎ、統合し、混沌が起ころうとも、そこから「創発」を生起させる、あるいはつなぎ目から、新たな価値観や知恵を喚起させる、その具体的手立てとして「共創型対話」を構想し、提言してきました。「共創型対話力」の基盤には、「観察・洞察力」「柔軟性」「イメージ・響感力」「批判精神」などの、人間としての総合的な基礎力が必要なことも主張してきました。

そうした考えから、全国各地の学校や施設、団体を訪ね、数多くの実践を参観し、教師をはじめさまざまな人々と語り合ってきました。そうした日々の中で、少しずつ、「対話型授業」における「共創型対話」の有効性に自信を深めていくことができました。しかし、そうした日々は、対話の奥深さを知り、新たな課題を自覚させる日々でもありました。種々の教育思想家の教育理論を「対話による人間形成」の観点から理解して、日々の教育実践に役立つように解釈・説明していくことは、そのひとつでした。さらに、「対話型授業」において、皮相的・儀礼的な「浅い対話」でなく、参加者が「知的爆発・知的化学変化」を感得できる「深い対話」を生み出すための方法の探究は、戸惑い、気づき、発見、混沌の連続であり、本書の記述の骨格をなしています。

本書執筆中、厳しく、辛かったのは、「思考の断絶」でした。発想や気づきが漂い、浮かび、自己の内部でまとまりかけたとき、さまざまな業務、ストレスをもちこむ出来事がたびたび襲ってきました。そのたびに、発想も気づきも霧散してしまうのでした。そうしたある日、気がつきました。教育現場の仲間たちは、きっと日々、こうした厳しい状況の中で過ごしているのではないか、その厳しい日々の中で、小さな、しかしきらめく成果を生み出し、そこに教職の誇りをもち続けているのではないか――そしてそのとき、現場の教師たちと同じ地平に立てた思いがしました。高所からあるべき論を述べるのではなく、さまざまな業務、ストレスが連綿と続く日々の中で、しぶとく「対話型授業」の構想を追求し続け、その具体的な方向を示すことによってこそ、教育現場の人々に納得、共感、批判していただける理論と実践が記せる、そう思い至りました。

厳しく、そして温かくご指導くださった恩師、川端末人先生（国際関係論・神戸大学名誉教授）が逝去されて半年後、お宅を訪ねた折、奥様から大量の本を委託されました。その中にマルティン・ブーバー著『対話的原理（一・二）』（みすず書房　一九六八年）がありました。本を開き、読み進むと、各所に先生の傍線や書き込みがありました。「先生は、真摯に『対話』について学んでおられたのだ」と、胸が熱くなりました。思えば、多くの人々に支えられ、励まされ、本書を書きぬくことができました。傲慢なることを戒めてくれた友、親しみ語りかけてくれた後輩たちに勇気づけられてきました。授業で出会った児童・生徒・学生・院生との交流は、「対話型授業」の課題解決に、さまざまなヒントをもたらしてくれました。目白大学人間学部児童教育学科の教員仲間たち、そして助手さんたち、資料の収集・整理や加工を手助けしてくれた助手の田村友里江さん、対話型授業研究の母体の一つであった学習スキル研究会の事務を担当してくれた平野めぐみさんの支援にも、感謝いたします。

教育出版の阪口建吾氏は、「先生、時期はいつでもいいです。長く残る、よい本を書いてください」と、構想以来三年間も、遅い原稿を待ってくださいました。記して感謝の意を伝えます。

いつも原稿を読み、批判と励ましをくれた伴侶の支え、海外に赴任する息子とその家族、生き生きと仕事に励む娘との交流は、本書執筆の根源的活力を与え続けてくれました。

残された教師人生、授業をする喜びを存分に味わいつつ日々を過ごしたいと願っています。

江戸川の土手一面に菜の花が咲いている日に

多田孝志

著者紹介

多田孝志（ただ たかし）

東京学芸大学教育学部国語科卒業，上越教育大学大学院修士課程修了，東京都小学校・クウェート日本人学校・ベロオリゾンテ補習授業校・目白学園中学・高等学校・カナダ WEST VANCOUVER SECONDARY SCHOOL 教諭等を経て，現在，目白大学人間学部児童教育学科教授，人間学部長・児童教育学科長。日本学校教育学会会長，日本国際理解教育学会常任理事，日本グローバル教育学会常任理事，学習スキル研究会代表。

「教育の真実は現場にある」「あらゆる教育活動は，事実として子どもたちの成長に資するとき意味をもつ」をモットーに，全国各地の教育実践者・研究者たちとともに，21 世紀の新たな教育の創造を目指した活動に取り組んでいる。

〈主な著書〉『光の中の子どもたち』（1983，毎日新聞社），『世界に子どもをひらく』（編著，1990，創友社），『地域に根ざした国際理解教育実践事例集』（編著，1994，第一法規），『ビジュアル世界の地理・歴史辞典』（編集代表，1996，教育出版センター），『学校における国際理解教育』（1997，東洋館出版社），『ユニセフによる地球学習の手引き』（編著，1999，教育出版），『地球時代の教育とは』（2000，岩波書店），『学習スキルの考え方と授業づくり』（編著，2002，教育出版），『飛び込んでみよう JET プログラム』（監訳，2002，東洋館出版社），『地球時代の言語表現』（2003，東洋館出版社），『対話力を育てる』（2006，教育出版），文科省委託『国際理解教育実践事例集』（編纂委員長，教育出版，2008），『未来をひらく教育──ESD のすすめ』（2008，日本標準），『共に創る対話力』（2009，教育出版），『イラスト版 口べたな子でもできるコミュニケーションのこつ』（編集代表，2011，合同出版）

授業で育てる対話力

── グローバル時代の「対話型授業」の創造──

2011 年 8 月 4 日　第 1 刷発行

著　者　多田孝志
発行者　小林一光
発行所　教育出版株式会社
〒101-0051　東京都千代田区神田神保町 2-10
電話 03-3238-6965　振替 00190-1-107340

印刷　モリモト印刷
製本　上島製本

ISBN 978-4-316-80307-4 C3037